中国仿制药蓝皮书

2019 版

中国医学科学院药物研究所
中国医药工业信息中心　编
中国食品药品检定研究院

编者

蒋建东　中国医学科学院药物研究所
张金兰　中国医学科学院药物研究所
吴　松　中国医学科学院药物研究所
郭　文　中国医药工业信息中心
华雪蔚　中国医药工业信息中心
李　波　中国食品药品检定研究院
张志军　中国食品药品检定研究院
许鸣镝　中国食品药品检定研究院

中国协和医科大学出版社

图书在版编目（CIP）数据

中国仿制药蓝皮书：2019版／中国医学科学院药物研究所，中国医药工业信息中心，中国食品药品检定研究院编．—北京：中国协和医科大学出版社，2020.6

ISBN 978－7－5679－1536－7

Ⅰ．①中… Ⅱ．①中… ②中… ③中… Ⅲ．①制药工业－产业发展－研究报告－中国－2019 Ⅳ．①F426.77

中国版本图书馆CIP数据核字（2020）第083316号

中国仿制药蓝皮书　2019版

编　　者：中国医学科学院药物研究所
　　　　　中国医药工业信息中心
　　　　　中国食品药品检定研究院
责任编辑：戴小欢

出版发行：**中国协和医科大学出版社**
（北京市东城区东单三条9号　邮编100730　电话010－65260431）
网　　址：www.pumcp.com
经　　销：新华书店总店北京发行所
印　　刷：中煤（北京）印务有限公司

开　　本：787×1092　1/32
印　　张：6.5
字　　数：75千字
版　　次：2020年6月第1版
印　　次：2020年6月第1次印刷
定　　价：42.00元

ISBN 978－7－5679－1536－7

序

FOREWORD

国内外仿制药对于人民健康的保障都发挥着重要作用，欧美日等发达国家，在政府的倡导和支持下，仿制药市场占有率已经达到了50%以上，并依然以10%左右的速度快速增长，是创新药增长速度的两倍。美国是仿制药替代率最高的国家，从美国仿制药学会发布的报告来看，2015年美国仿制药在处方量当中的占比是89%，金额只占27%，2015年仿制药为美国整个医疗系统节省2270亿美元。

中华人民共和国成立以来，我们在仿制药的研发和产业化方面实现了从无到有，取得了较大的发展，质量合格的仿制药是我们国家人人享有健康保障的重要支撑之一。在医改的关键时期，逐步提高我国仿制药的质量，并增加其处方占比，节约医药费用，提高用药可及性，是影响医改的重要因素。

仿制药也是我国生物医药产业发展的重要组成部分，高质量的仿制药研发能够提高我国制药行业发展的质量，保障药品安全性和有效性，促进我国生物医药产业的升级、结构调整和国际竞争力，实现进口药品的替代。

在过去的几十年中，编制主持单位中国医学科学院药物研究所、中国医药工业信息中心和中国食品药品检定研究院在中国仿制药研发的历程中做出了突出的贡献，积累了良好的条件完成《中国仿制药蓝皮书》。在农工党中央的倡导下，经过约一年的中国仿制药产业发展数据查询、调研、分析和整理，编制组深入研究和阐述了中国仿制药产业发展状况和主要发展趋势，揭示了当前仿制药行业发展状态，面临的机遇和问题，并提出了解决问题的建议，为行业发展的战略决策和政府政策的制定提供参考，以促进我国仿制药产业发展。

陈　竺

目录
CONTENTS

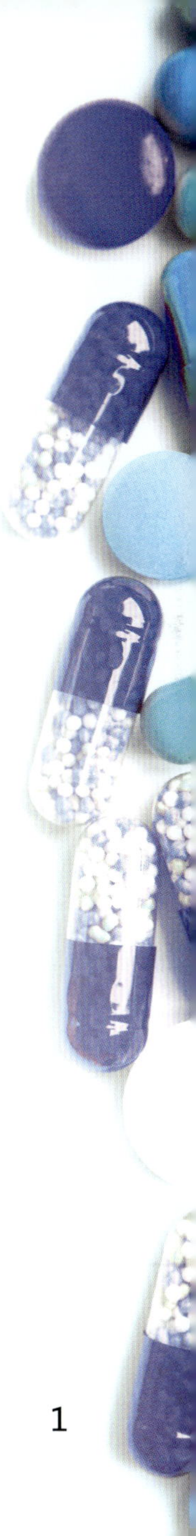

中国仿制药产业发展现状

中国仿制药产业发展热点

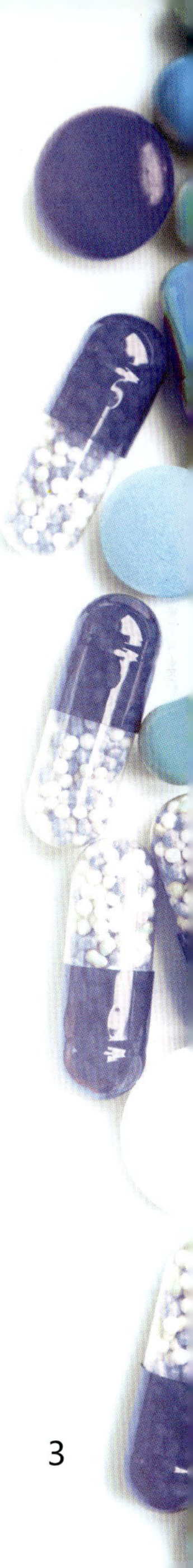

图表目录

CONTENTS

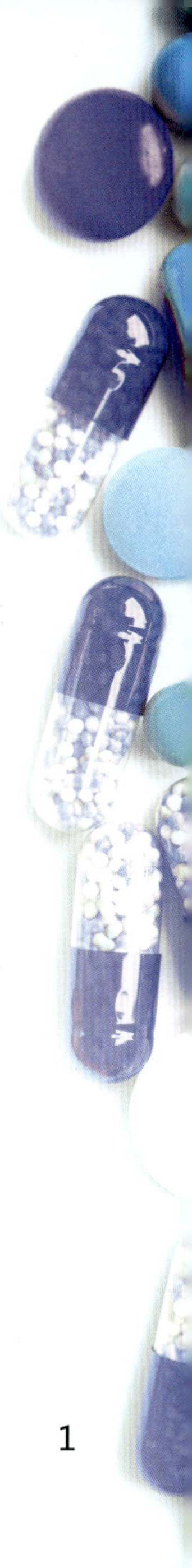

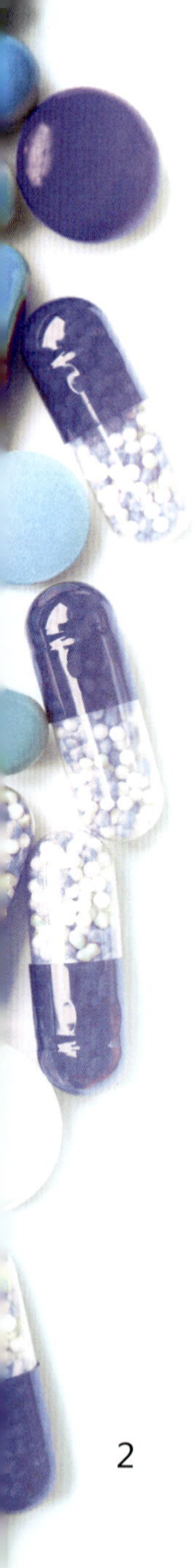

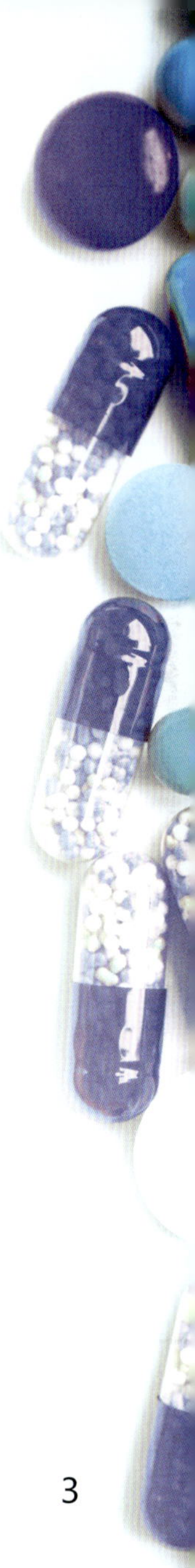

中国仿制药产业发展现状

仿制药，是与原研药具有相同活性成分、剂量、给药途径、剂型及适应证的药物。作为全球医药市场的重要组成部分，仿制药的发展是各国政府降低药价、提高药品可及性和增进全民健康福祉的重要途径，因此，保障仿制药的质量和供应、促进仿制药行业健康发展，是一个国家经济稳定发展的重要基石。

作为仿制药消费量第一大国，美国的仿制药市场在整个处方用药中占据着绝对优势的地位。2009—2018 年，美国仿制药在整个处方量中的占比从 75% 稳步提升至 90%，全部处方中有仿制药可选的比例也从 80% 跃至 92%。

中国是仅次于美国的仿制药大国。由于特殊的国情和历史原因，仿制药在我国制药工业中的地位更加举足轻重。新中国成立以来，中国上市的药品中绝大多数为仿制药，截至 2019 年，我国仿制药批件数的比例占所有化学药批件数的 95% 左右。从市场规模来看，2019 年我国仿制药约占化学药市场的 66%，占全部药品市场近半壁江山。

1. 中国仿制药市场规模

根据中国医药工业信息中心测算，2019 年中国仿制药市场规模[①]约为 8425 亿元。2019 年由于带量采购政策持续推进，仿制药市场增速降至 4.2%。预计短期内市场冲击将进一步扩大，2022 年同比增速或下降至 3.5%，市场规模达 9414 亿元（图 1）。

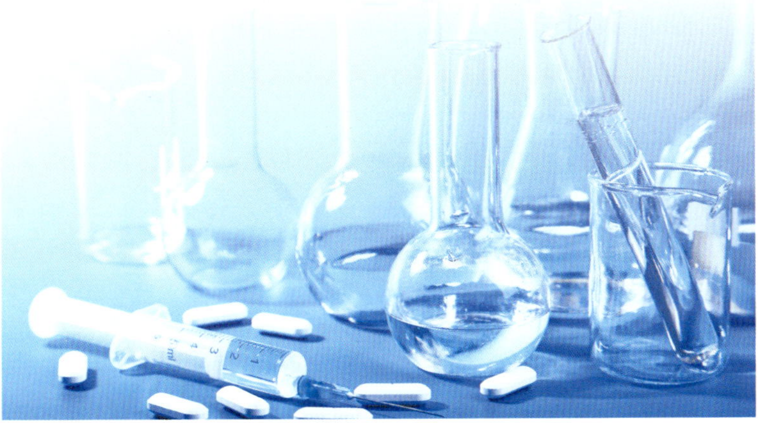

① 本报告中的中国仿制药市场指中国化学制剂仿制药市场。

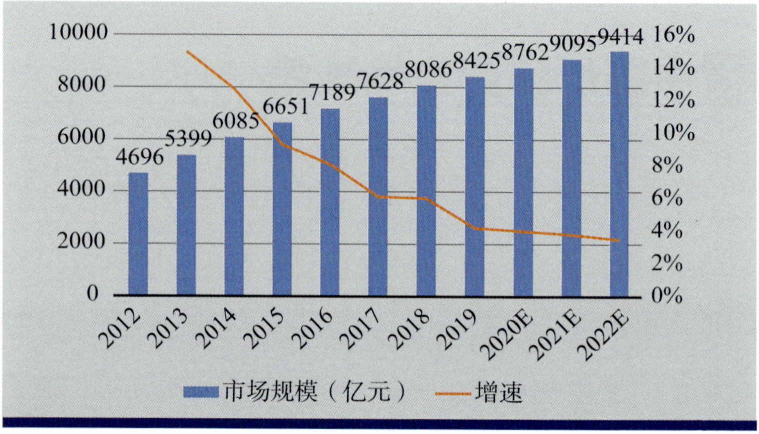

图 1　我国仿制药市场规模及增速

带量采购是仿制药市场增速下滑的主要压力源。在医保控费力度加大、医保政策执行力增强的趋势下，存量仿制药价格一步步逼近社会成本，营销流通等费用被大幅挤出，带来整体市场的下行压力。受我国人口老龄化加速到来和疾病谱转变等因素影响，人民对仿制药尤其是慢性病仿制药的需求有增无减，市场增长的动力也一直存在。在我国带量采购常态化的背景下，未来我国仿制药市场将维持低速增长。

2. 中国仿制药一致性评价通过情况

随着一致性评价相关配套政策的不断成熟，仿制药一致性评价在业内逐步形成共识，通过一致性评价的药品数量也逐渐呈现加速增长态势。截至 2020 年第一季度，我国共有 737 个药品通过了一致性评价[①]，其中 2020 年第一季度通过数量高达 187 个，环比增长 36%，同比增长达 137%（图 2）。

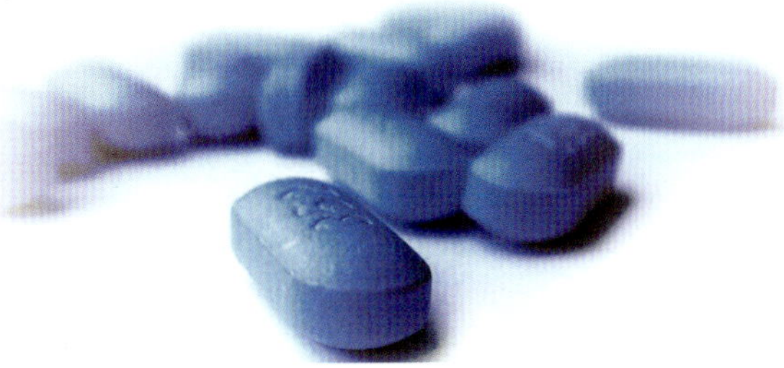

① 包含“通过质量和疗效一致性评价的药品”和“按化学药品新注册分类批准的仿制药”，这里的药品对应“通用名 + 剂型 + 规格 + 企业”，数量等同于产品数量和批准文号数量。

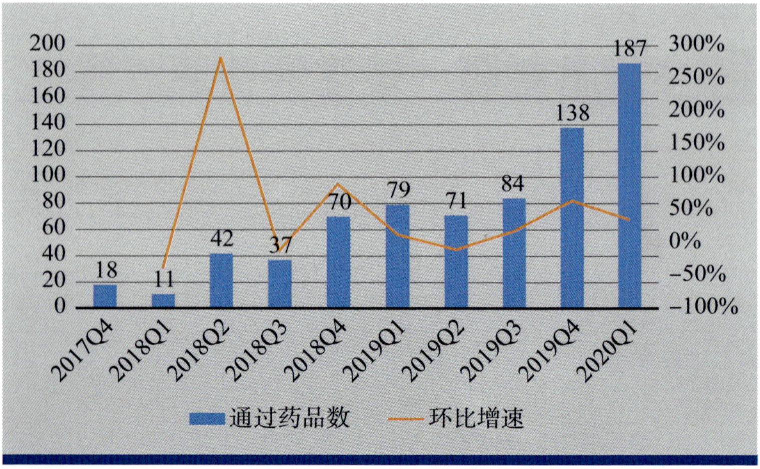

图 2　各季度通过一致性评价的药品数量

据中国医药工业信息中心统计，通过一致性评价的 737 个药品共涵盖 186 个通用名、228 个品种和 352 个品规。从治疗领域分布来看，这些药品主要为全身用抗感染药、心血管系统用药、消化道和新陈代谢用药及神经系统用药四大类别，合计占全部通过一致性评价药品数量的 74.6%。全身用抗感染药中主要为各类抗菌药；心血管系统用药及消化和新陈代谢用药适应证以常见慢性病为主，如高血压、高血脂、糖尿病等；神经系统用药则主要为抗抑郁药和精神分裂症用药（图3）。

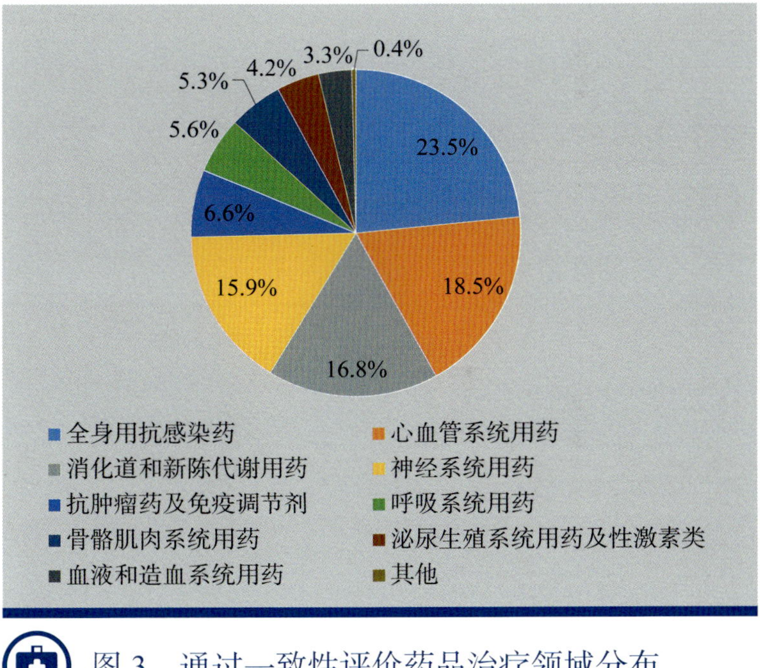

图3 通过一致性评价药品治疗领域分布

通过一致性评价药品数量排名前5位的通用名依次为二甲双胍、氨氯地平、阿莫西林、恩替卡韦和头孢呋辛。二甲双胍共有44个药品通过，其中片剂有25家企业的27个药品通过，缓释片剂有14家企业的16个药品通过，胶囊剂仅有1家企业的1个药品通过。其余四个通用名依次共有23个、19个、17个和16个药品通过，通过数达到10个（含）以上药品的通用名共有16个。前5位通用名累计占所有通过一致性评价药品数量的34%（表1）。

表 1　通过一致性评价的药品数量达 10 个（含）以上的药品通用名

通用名	通过药品数	通用名	通过药品数
二甲双胍	44	布洛芬	13
氨氯地平	23	瑞舒伐他汀	13
阿莫西林	19	头孢氨苄	13
恩替卡韦	17	左乙拉西坦	13
头孢呋辛	16	替诺福韦	11
对乙酰氨基酚	14	格列美脲	10
蒙脱石	14	利培酮	10
阿托伐他汀	13	孟鲁司特	10

通过一致性评价药品数量排名前 5 位的企业依次为齐鲁制药、石药欧意、浙江华海、四川科伦和正大天晴。通过数达到 10 个（含）以上药品的企业有 13 家，累计占所有通过一致性评价药品数量的 30.7%（表 2）。

表 2　通过一致性评价的药品数量达 10 个（含）以上的企业

企业名称	通过药品数	企业名称	通过药品数
齐鲁制药有限公司	33	江苏豪森药业集团有限公司	14
石药集团欧意药业有限公司	32	重庆药友制药有限责任公司	14
浙江华海药业股份有限公司	28	齐鲁制药（海南）有限公司	12
四川科伦药业股份有限公司	16	宜昌人福药业有限责任公司	11
正大天晴药业集团股份有限公司	16	北京福元医药股份有限公司	10
江苏恒瑞医药股份有限公司	15	浙江京新药业股份有限公司	10
深圳信立泰药业股份有限公司	15		

通过一致性评价药品的剂型以普通片剂为主，约占全部药品数量的2/3，与我国从289目录开始进行一致性评价有关。随着一致性评价品种的逐步扩大，注射剂一致性评价的相关政策不断完善，注射剂占比也逐步扩大（2020年第一季度达到5.4%），预计未来还会进一步提高（表3）。值得关注的是，当前我国已有3个注射用紫杉醇（白蛋白结合型）通过了一致性评价，该品种粒径为纳米级，属于纳米制剂范畴，预示着我国高端剂型的仿制药一致性评价也拉开了激烈竞争的序幕。

表 3 通过一致性评价的药品剂型分布

剂型大类	剂型小类	通过药品数	占比	合计占比
片剂	普通片剂	487	66.1%	73.5%
	缓释片	31	4.2%	
	分散片	9	1.2%	
	咀嚼片	8	1.1%	
	口腔崩解片	7	0.9%	
胶囊剂	一般胶囊剂	107	14.5%	16.7%
	缓释胶囊	6	0.8%	
	肠溶胶囊	5	0.7%	
	软胶囊剂	5	0.7%	
口服散剂		20	2.7%	2.7%
颗粒剂		12	1.6%	1.6%
注射剂	一般注射剂	36	4.9%	5.4%
	特殊注射剂	3	0.4%	
	注射用浓溶液	1	0.1%	

据中国医药工业信息中心测算，通过一致性评价的药品所涵盖的品种 2019 年国内医院市场总规模为 1692.1 亿元，占仿制药市场总规模的 20.1%，其中市场规模超过 30 亿元的品种共有 12 个。通过一致性评价的药品所涵盖的通用名 2019 年国内医院市场总规模为 2093.0 亿元，占仿制药市场总规模的 24.8%（表 4）。

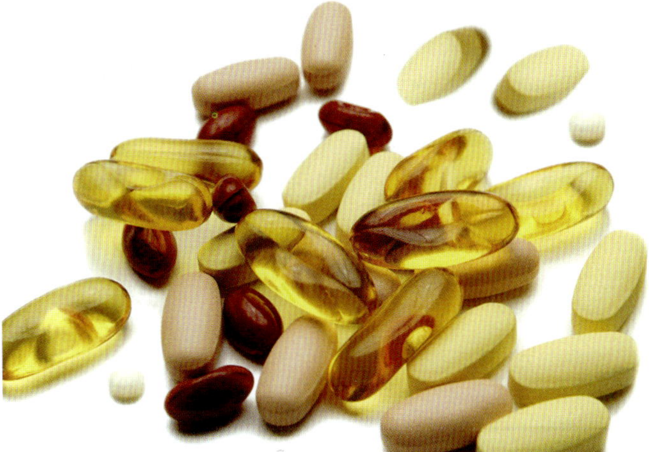

表 4　通过一致性评价的市场规模超过 30 亿元的药品品种

排序	通用名	剂型	2019 年全国医院市场规模（亿元）
1	阿托伐他汀	普通片、分散片	76.90
2	氯吡格雷	片剂	76.51
3	紫杉醇	注射剂	73.18
4	莫西沙星	注射剂	60.88
5	阿卡波糖	片剂	48.74
6	恩替卡韦	普通片、分散片	45.25
7	培美曲塞	注射剂	38.33
8	瑞舒伐他汀	片剂	35.36
9	利伐沙班	片剂	33.84
10	右美托咪定	注射剂	33.38
11	多西他赛	注射剂	32.06
12	氨溴索	注射剂	31.43

3. 已带量采购的仿制药市场情况

截至 2020 年第一季度，距“4 + 7”带量采购中选结果公示已有一年零三个月。首批 25 个中选品种先后开启了在试点城市和全国范围内的带量采购。据中国医药工业信息中心统计，首批带量采购的 25 个品种 2019 年国内市场规模达 560 亿元，占仿制药总体市场的 6.6%，其中市场规模位列前 5 位的分别为阿托伐他汀、氯吡格雷、恩替卡韦、瑞舒伐他汀和培美曲塞，其中 3 个为常规心血管疾病口服治疗药，1 个为口服抗乙肝病毒药，1 个为常规抗肿瘤常用注射剂。

带量采购给仿制药市场带来了深刻变革。伴随着带量采购的“降价效应”，对市场的主要影响表现为对应品种整体市场销售额的下降。数据表明，25 个带量采购品种 2018 年第四季度全国销售额同比增长 13.2%。经历 1 年的带量采购后，2019 年第四季度销售额同比下降 21.8%。对于中选企业，带量采购在销售额下降的同时销量获得了增长；而对于非中选企业，销售额和销量同时下降（图 4）。

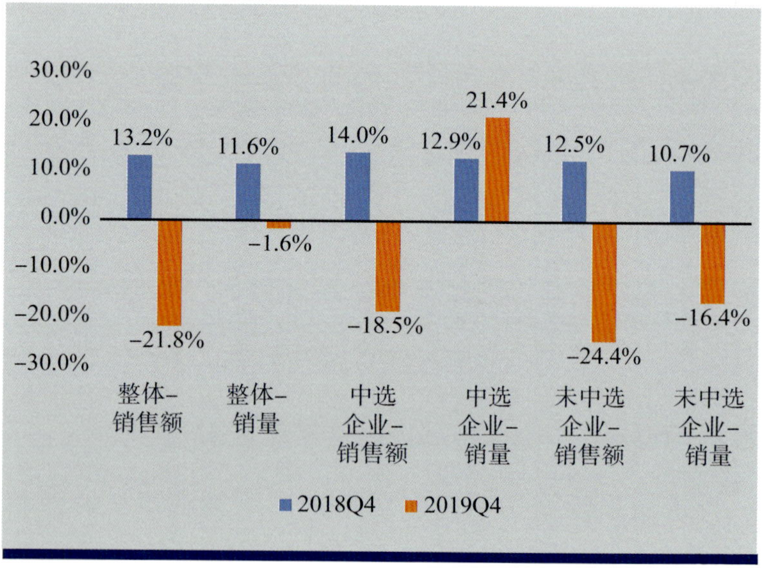

图 4　“4+7”带量采购 25 品种市场变化（同比增速）

通过对2019年第四季度（带量采购1年后）和2018年第四季度（带量采购开始前）25个首批带量采购品种销售额及销量的分析发现，对于不同品种而言，此次带量采购也带来了不同的市场效应。25个品种中仅有3个品种的销售额增长，分别为右美托咪定、左乙拉西坦和头孢呋辛，其主要带动原因为市场需求的扩大和销量的大幅增长。12个品种的销售额下降但销量升高，前者主要由产品价格的大幅下跌所致，而后者则体现了带量采购有效地刺激了这些品种的市场需求。另有10个品种销售额和销量均出现了下降，这些品种多为市场需求稳定或本身已处于市场生命周期的下滑阶段，降价已并不能明显刺激其需求的增长（表5）。

表 5　带量采购品种销售额及销量变化情况

品种	2019Q4销售额同比	2019Q4销量同比	品种	2019Q4销售额同比	2019Q4销量同比
右美托咪定	15.2%	11.9%	替诺福韦二吡呋酯	–23.2%	59.2%
左乙拉西坦	11.6%	37.6%	厄贝沙坦，氢氯噻嗪	–24.1%	–13.8%
头孢呋辛	1.5%	4.5%	氨氯地平	–24.6%	–5.5%
艾司西酞普兰	–0.8%	19.4%	阿托伐他汀	–29.0%	7.2%
依那普利	–2.2%	18.1%	厄贝沙坦	–29.5%	–13.3%
培美曲塞	–3.5%	20.6%	氢氯吡格雷	–29.9%	2.0%
孟鲁司特	–3.9%	6.4%	氯沙坦钾	–32.5%	–14.9%
蒙脱石	–6.9%	12.8%	吉非替尼	–32.7%	72.0%
伊马替尼	–10.8%	–1.5%	恩替卡韦	–36.9%	–14.4%

续表

品种	2019Q4销售额同比	2019Q4销量同比	品种	2019Q4销售额同比	2019Q4销量同比
奥氮平	–14.2%	6.0%	福辛普利	–39.4%	0.9%
利培酮	–18.2%	–8.1%	氟比洛芬	–42.2%	–30.6%
瑞舒伐他汀	–19.5%	–8.6%	赖诺普利	–43.8%	–32.5%
帕罗西汀	–21.8%	1.3%			

4. 中国主要仿制药领先企业

根据中国医药工业信息中心统计分析，2018 年度中国医药工业百强企业超七成为化学药企业[1]，其中绝大多数以仿制药为主营业务。本届百强企业累计实现医药工业主营业务收入 8395 亿元，同比增长 11.8%，入围百强榜单的最低门槛也进一步提高至 26.1 亿元，平均规模增至 84.0 亿元。此外，本届百强营收突破百亿的企业数量增至 22 家，其中非外资有 17 家，均涵盖大量仿制药业务，显示出在百强企业集中趋势愈加明显的同时，仿制药产业的集中度也在同步提升（表 6）。

① 按企业主营业务收入占比最高的业务归类，这里所指的化学药企业包含化学药品原药制造和制剂制造。

表 6　2018 年营收突破百亿的含仿制药业务的非外资百强企业

2018 年百强排名	企业名称	企业概况
1	扬子江药业集团有限公司	扬子江药业集团重点产品线主要包括心脑血管用药、抗感染药、消化系统用药、抗肿瘤药、解热镇痛药等治疗领域。2014—2018 年蝉联中国医药工业企业百强榜第 1 名。拥有 4 个国家级创新研发平台，获 3 项国家科技进步二等奖，5 个中药材进入欧洲药典标准
2	广州医药集团有限公司	广州医药有限公司是以医药供应链服务为主导的医药流通企业，是广州市政府授权经营管理国有资产的独资公司，主要从事中成药及植物药、化学原料药及制剂、生物医药制剂等领域的研究和开发以及制造与经营业务，拥有在医药批发和零售领域经营近 70 年的标志性品牌

续表

2018年百强排名	企业名称	企业概况
3	中国医药集团总公司	中国医药集团是由国务院国资委直接管理的中国规模最大、产业链最全、综合实力最强的医药健康产业集团。以预防、治疗和诊断、护理等健康相关产品的分销、零售、研发及生产为主业。旗下拥有11家全资或控股子公司和国药控股、国药股份、天坛生物、现代制药、一致药业、中国中药6家上市公司
4	修正药业集团股份有限公司	修正药业集团是集中成药、化学制药、生物制药的科研生产营销、药品连锁经营、中药材标准栽培于一体的大型现代化民营制药企业。至2016年底，集团拥有医药、保健品等品种2000余个，涵盖24种剂型，销售过亿品种50余个，过10亿品种20余个，拥有开发潜力的品种50余个，其中通过二次开发培育了肺宁、消糜栓、六味地黄、颈腰康、益气养血等十几个5亿元以上大品种

续表

2018年百强排名	企业名称	企业概况
5	华润医药控股有限公司	华润医药集团有限公司是一家综合医药公司，业务范畴覆盖医药及保健产品的生产、分销及零售。华润医药旗下拥有华润医药商业集团有限公司、华润三九医药股份有限公司、华润双鹤药业股份有限公司、华润江中制药集团有限责任公司等多家企业。产品组合包括化学药品、中药、生物制剂以及营养保健品，覆盖广泛治疗领域，包括心血管、消化道和新陈代谢、大容量静脉输注、儿科、呼吸系统等。拥有三九、东阿阿胶、双鹤等多个驰名品牌
6	上海医药（集团）有限公司	上海医药集团股份有限公司主营业务覆盖医药研发与制造、分销与零售，是中国为数不多的在医药产品和分销市场方面均居领先地位的医药上市公司之一。致力于为重大疾病和慢性病提供安全有效的治疗药物，拥有信谊、新先锋、雷氏、神象、华联、三维、龙虎等一批品牌商标

续表

2018年百强排名	企业名称	企业概况
7	上海复星医药（集团）股份有限公司	上海复星医药业务覆盖医疗健康全产业链，主要包括药品制造与研发、医疗服务、医疗器械与医学诊断、医药分销与零售。复星医药在血液系统、中枢神经系统、代谢及消化系统、抗感染、心血管、抗肿瘤等治疗领域均有产品在各自细分市场占据一定的地位。旗下拥有江苏万邦生化医药、重庆药友制药、沈阳红旗制药、桂林南药、湖北新生源生物工程、锦州奥鸿药业等多个子公司。复星医药集团的抗疟药物在全球市场也处于领先地位
8	山东齐鲁制药集团有限公司	齐鲁制药主要从事治疗肿瘤、心脑血管、感染、精神神经系统、呼吸系统、消化系统、眼科疾病的制剂及其原料药的研发、生产与销售。公司原料药及多种制剂通过了美国、欧盟、澳大利亚、英国、南非以及其他国家和地区药品监管机构的认证

续表

2018年百强排名	企业名称	企业概况
10	江西济民可信集团有限公司	济民可信专注于现代中药、化学药、生物制剂、保健品的研发、生产和销售，拥有7家制药基地、1个国际级博士后工作站、1个获CNAS认证的国家级实验室、5个省级工程技术中心，并在海外设立新药研发团队。当前，集团在心脑血管科、肾科、肿瘤科、抗感染及急救药物领域取得丰硕成果
12	石药控股集团有限公司	石药集团是全国医药行业首家以强强联合方式组建的特大型制药企业，也是河北省大型支柱型企业集团之一。公司主要从事医药及相关产品的开发、生产和销售，产品主要包括抗生素、维生素、心脑血管系统用药、解热镇痛药、消化系统用药、抗肿瘤药和中成药等七大系列近千个品种。旗下有维生药业、中诺药业、欧意药业、恩必普药业、银湖制药等30余家下属公司

续表

2018年百强排名	企业名称	企业概况
13	中国远大集团有限责任公司	中国远大集团医药健康由华东医药、远大医药集团、雷允上药业集团、远大生物科技组成，是治疗领域广泛、产品剂型丰富、国内领先的综合性医药集团，可提供千余种制剂品种、多种原料药、化工中间体和保健品等医药相关产品；拥有专业的营销体系，销售网络遍布全国，多项产品通过欧洲 COS 认证和美国 FDA 认证，销往多个国家和地区
14	江苏恒瑞医药股份有限公司	江苏恒瑞医药股份有限公司是一家从事医药创新和高品质药品研发、生产及推广的医药健康企业，是国内知名的抗肿瘤药、手术用药和造影剂的供应商，也是国家抗肿瘤药技术创新产学研联盟牵头单位。公司致力于在抗肿瘤药、手术用药、内分泌系统用药、心血管系统用药及抗感染药等领域的创新发展，并逐步形成品牌优势

续表

2018年百强排名	企业名称	企业概况
15	四川科伦药业股份有限公司	四川科伦药业是我国最大的输液产品制造商，形成了以输液产品为核心和特色的产业发展格局。此外，其产品也覆盖了抗生素全产业链，成为科伦药业的第二大特色。公司拥有众多的仿制药产品，旗下有海内外100多家子公司。2016—2018年公司业绩快速增长，从2016年医药工业百强的第24位提高到2017年的第18位，再到2018年的第15位
16	正大天晴药业集团股份有限公司	正大天晴药业集团是集科研、生产和销售为一体的创新型医药集团企业，是国内知名的肝健康药物研发和生产基地，为国家重点高新技术企业、国家火炬计划连云港新医药产业基地重点骨干企业。异甘草酸镁注射液（天晴甘美）和恩替卡韦分散片（润众）是其最重要的两个产品。除肝病领域，正大天晴药业也涉及抗肿瘤药、呼吸系统用药、抗生素、内分泌系统用药等多个领域，也将是企业未来发展的重点方向

续表

2018年百强排名	企业名称	企业概况
17	山东步长制药股份有限公司	步长制药以“聚焦大病种、培育大品种”为发展战略，以专利中成药为核心，致力于中药现代化，充分发挥了中药在心脑血管这一“大病、慢病”领域中的重要作用，形成了立足心脑血管疾病市场、覆盖中成药传统优势领域、聚焦大病种、培育大品种的立体产品格局。2018年9月，步长正式宣布由中成药向生物药、化学药、医疗器械、互联网医药等全产业转型
21	天津市医药集团有限公司	天津医药集团以化学与生物制药、绿色中药、高端医疗器械、现代商业物流四大板块为主体，科研、生产、商业销售一体化运作，拥有180多家企业，控股中新药业、天药股份、力生制药三家上市公司和迈达科技一家新三板上市公司，与葛兰素史克、大冢、维克多等跨国知名制药公司合作组建合资企业10余家

续表

2018年百强排名	企业名称	企业概况
22	珠海联邦制药股份有限公司	珠海联邦制药拥有专业的化学药品和生物制品研发中心，产品涵盖医药中间体、原料药和制剂，是一家集研发、生产、经营于一体的综合性制药集团。联邦制药现有制剂产品11大系列60多个品种120多个品规，原料药和中间体产品共5大系列近50个品种

5. 仿制药相关政策发布

◇仿制药一致性评价的相关政策

2019 年，仿制药质量和疗效一致性评价工作持续稳步推进。企业在品种选择方面考虑更加周全，开展相关准备和研究工作方面更加积极；行业协会在相关政策和技术文件的建议和意见征求方面发挥了积极作用；国家药监局相关部门及时发布了关注度和影响力高的技术要求和指导原则，例如国内特有品种评价建议、人体生物等效性豁免指导原则和化学药品注射剂仿制药质量和疗效一致性评价技术要求（征求意见稿），对一致性评价工作的技术要求和政策指引更为具体和详尽，为一致性评价工作的顺利推进提供了有力的政策保障（表 7）。

表 7 2019 年以来我国发布的指导开展一致性评价的主要文件

序号	已发布文件	发布日期
1	关于发布《国内特有品种评价建议》的通知	2019.06.21
2	关于公开征求《仿制口服片剂功能性刻痕设计和研究的一般要求》意见的通知	2019.07.04
3	关于发布部分新注册分类化学仿制药可参照《人体生物等效性豁免指导原则》进行研发与技术审评的通知	2019.07.15
4	关于公开征求《经口吸入制剂仿制药药学和人体生物等效性研究指导原则》意见的通知	2019.08.02
5	关于仿制药质量和疗效一致性评价工作中药品标准执行有关事宜的公告(2019年第62号)	2019.08.02
6	公开征求《化学药品注射剂仿制药质量和疗效一致性评价技术要求(征求意见稿)》《已上市化学药品注射剂仿制药质量和疗效一致性评价申报资料要求(征求意见稿)》意见	2019.10.15
7	关于做好药物临床试验机构备案工作的通知(药监综药注〔2019〕100号)	2019.11.29

◇参比制剂

为了加强对企业仿制药一致性评价工作的指导，截至 2019 年底，国家药监局共发布了 24 批仿制药参比制剂目录（共 2455 条），其中 2019 年总共发布了 5 批（第二十批到第二十四批，共 1297 条）（表 8）。

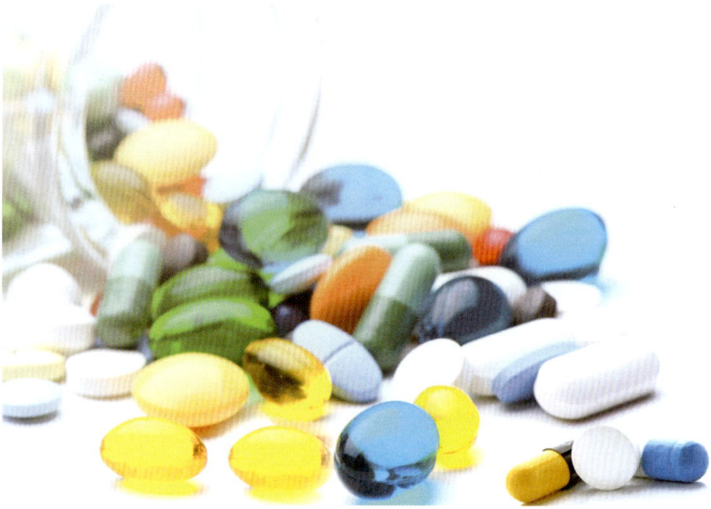

表 8　2019 年以来我国发布的参比制剂相关文件

序号	已发布文件	发布日期
1	关于发布仿制药参比制剂目录（第二十批）的通告（2019 年第 3 号）	2019.01.15
2	关于发布化学仿制药参比制剂遴选与确定程序的公告（2019 年第 25 号）	2019.03.25
3	关于发布仿制药参比制剂目录（第二十一批）的通告（2019 年第 34 号）	2019.06.11
4	关于发布仿制药参比制剂目录（第二十二批）的通告（2019 年第 56 号）	2019.08.27
5	关于发布《化学仿制药参比制剂目录（第二十三批）》的公示	2019.08.28
6	关于发布《化学仿制药参比制剂目录（第二十四批）》的公示	2019.09.16

发布的 24 批仿制药参比制剂按来源分，289 目录品种共可分为 9 种[①]，非 289 目录品种可分为 8 种。其中 289 目录品种中属于“可根据‘三改’技术指南选择参比制剂”和“国际公认（美国 / 日本橙皮书）”两类最多，分别为 99 个和 81 个。非 289 目录品种中属于“未进口原研药品”和“国内上市的原研药品”两类最多，分别为 746 个和 411 个品种（表 9）。

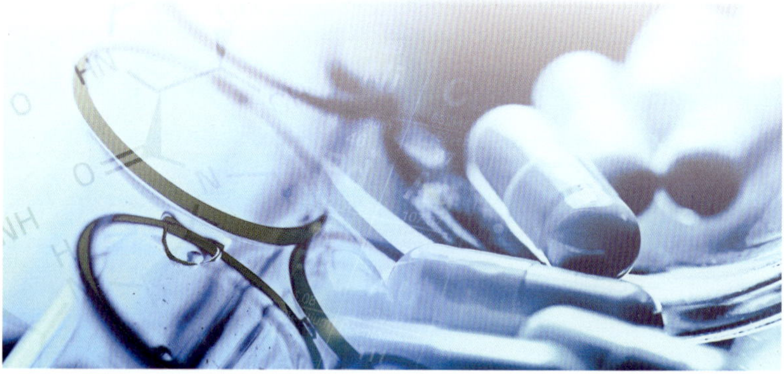

① 国家药品审评中心（CDE）于 2018 年 2 月 14 日发布的《289 目录品种参比制剂基本情况表》（更新版）对 289 目录品种的参比制剂做了汇总整理，按来源将 289 品种参比制剂分为了 8 类，2019 年新增分类“未进口原研药品”。同一品种不同品规可能存在不同分类，如一种规格是原研进口，一种规格是根据“三改”技术指南选择参比制剂。

表 9 参比制剂来源汇总表

参比制剂来源分类	289 目录品种		非 289 目录品种	
	公布品种总数（24批）	2019 年公布品种数（5 批）	公布品种总数（24批）	2019 年公布品种数（5 批）
原研进口	33	0	253	15
原研地产	14	5	80	34
上市和产地国家不同	52	1	75	1
国际公认（美国 / 日本橙皮书）	81	1	241	59
未进口原研药品	11	11	746	746
可根据“三改”技术指南选择参比制剂	99	0	/	/
国内特有品种	21	2	/	/

续表

参比制剂来源分类	289目录品种		非289目录品种	
	公布品种总数（24批）	2019年公布品种数（5批）	公布品种总数（24批）	2019年公布品种数（5批）
不推荐参比、无企业备案，非国内特有	25	0	/	/
特殊管控	5	0	/	/
原研技术转让	/	/	3	2
国内上市的原研药品	/	/	411	411
其他	/	/	37	9
合计	341	20	1846	1277

剂型方面，2019年3月25日，国家药监局发布了《关于发布化学仿制药参比制剂遴选与确定程序的公告》（2019年第25号），明确化学仿制药参比制剂遴选与确定程序；随后，在2019年公示的第21批参

比制剂目录首次纳入注射剂、吸入剂等剂型，第 22 批参比制剂首次纳入贴剂和贴膏剂剂型，第 24 批参比制剂（征求意见稿）增加洗剂、鼻用制剂、控释胶囊剂、凝胶剂和细粒剂等剂型。

对截至 2019 年底已发布的 24 批参比制剂进行剂型分析，其中片剂共有 1286 个品种，含普通片剂、肠溶片、口崩片、咀嚼片和分散片等。2019 年新增加了注射剂参比制剂，包含 641 个品种。胶囊剂、口服制剂和颗粒剂类参比制剂，分别有 295 个、51 个和 34 个品种（表 10）。

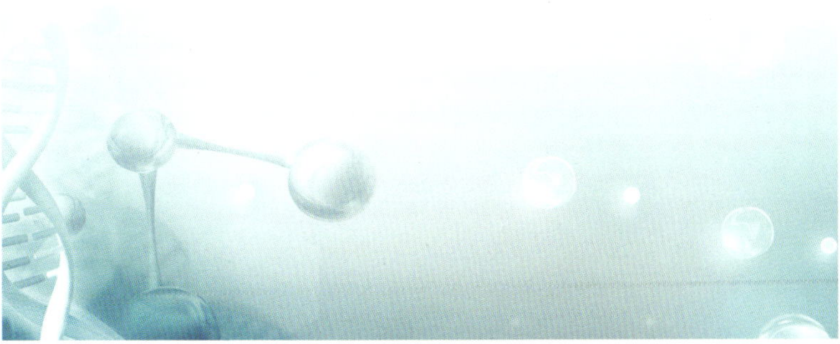

表 10　参比制剂的剂型信息汇总

剂型	品种数目
片剂(含缓释片、肠溶片、口崩片、咀嚼片、分散片等)	1286
注射剂	641
胶囊剂（含缓释胶囊、软胶囊、控释胶囊等）	295
口服制剂（含口服溶液剂、口服乳剂、口服混悬剂、口腔喷雾溶液剂）	51
颗粒剂	34
吸入剂	31
滴眼剂（含眼用制剂）	31
干混悬剂	29
膏剂（含乳膏剂、软膏剂）	16
其他	41
合计	2455

◇带量采购与供应保障的相关政策

2019 年，带量采购工作加速推进。同年 9 月，政策覆盖区域在 2018 年“4 + 7”试点的基础上扩围至全国，中标企业数和带量采购金额也随之增加；2019 年底，第二批带量采购已做好了充足准备，并于 2020 年 1 月顺利实施，其品种数、中标企业数、中标金额和采购量都继续扩大。

2019 年以来，国家在推进仿制药一致性评价和带量采购工作进度的同时，也十分注重儿童药、罕见病药和短缺药等药品的供应保障，发布了一系列促进药品供应保障的政策，包括制定和发布罕见病诊疗指南、医疗机构短缺药品分类分级与替代使用技术指南、第三批鼓励研发申报儿童药品清单及进一步做好短缺药品保供稳价工作的意见等（表 11），这些政策为保障我国各类药品供应起到了积极的改善作用。

表 11　2019 年以来我国发布的药品带量采购和加强供应保障的主要文件

序号	发布文件	发布日期
	药品带量采购	
1	关于印发《国家组织药品集中采购和使用试点方案》的通知（国办发〔2019〕2 号）	2019.01.17
2	国家医疗保障局关于国家组织药品集中采购和使用试点医保配套措施的意见（医保发〔2019〕18 号）	2019.02.28
3	关于国家组织药品集中采购和使用试点扩大区域范围实施意见（医保发〔2019〕56 号）	2019.09.30
4	国务院深化医药卫生体制改革领导小组印发关于以药品集中采购和使用为突破口进一步深化医药卫生体制改革若干政策措施的通知（国医改发〔2019〕3 号）	2019.12.02
5	关于印发《关于做好当前药品价格管理工作的意见》的通知（医保发〔2019〕67 号）	2019.12.06
6	国家组织药品集中采购和使用联合采购办公室关于发布《全国药品集中采购文件（GY-YD2019-2）》的公告	2019.12.29

续表

序号	发布文件	发布日期
药品供应保障		
1	国家卫生健康委员会办公厅发布关于建立全国罕见病诊疗协作网的通知（国卫办医函〔2019〕157 号）	2019.02.12
2	财政部等 4 部门发布关于罕见病药品增值税政策的通知（财税〔2019〕24 号）	2019.02.22
3	国家卫生健康委员会办公厅发布关于印发罕见病诊疗指南（2019 年版）的通知（国卫办医函〔2019〕198 号）	2019.02.27
4	关于第一批鼓励仿制药品目录建议清单的公示	2019.06.20
5	国家卫生健康委员会办公厅发布关于印发医疗机构短缺药品分类分级与替代使用技术指南的通知	2019.07.25
6	国家卫生健康委员会等 3 部门发布关于印发第三批鼓励研发申报儿童药品清单的通知	2019.08.27
7	国家卫生健康委员会办公厅发布关于开展罕见病病例诊疗信息登记工作的通知	2019.10.15
8	国务院办公厅发布关于进一步做好短缺药品保供稳价工作的意见	2019.10.15

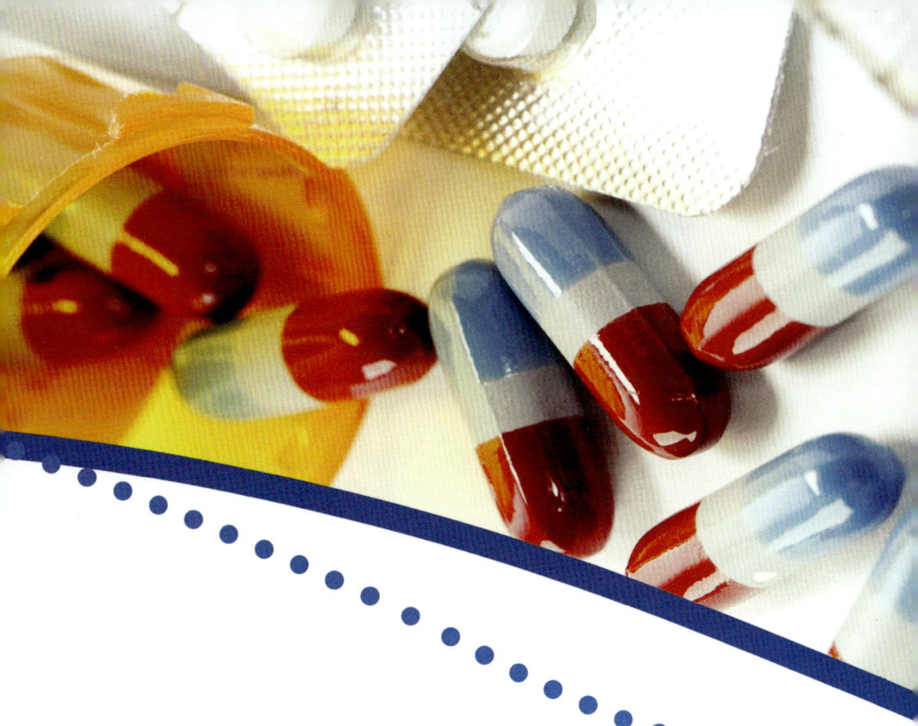

中国仿制药产业发展热点

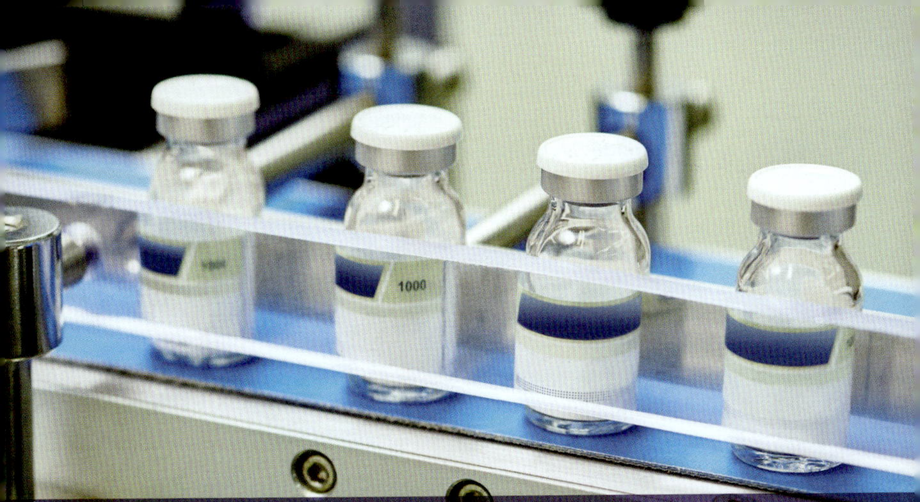

热点话题一：带量采购

带量采购是近两年中国医药界最关心的话题之一。2018 年 9 月 11 日，由刚成立不久的国家医疗保障局主导的药品试点联合采购在上海召开座谈会，初步拟定在北京、上海等 11 个城市试点“带量采购”（简称“4 + 7”带量采购）。2018 年 12 月 17 日，“4 + 7”带量采购中选结果尘埃落定，25 个中标品种中仅有两个为原研药。中标价格明显降低，与试点城市 2017 年同种药品最低采购价相比，平均降幅为 52%，最高降幅达 96%。时隔不到 1 年，2019 年 9 月 24 日，“4 + 7”带量采购的 25 个品种扩围至全国其余地区，扩围地区中标价相比 2018 年同区域同种药品最低采购价降低 59%（相比“4 + 7”试点中选价降低 25%），最高降幅达 97%。带量采购步伐不断加快，涵盖品种也不断扩大，4 个月后的 2020 年 1 月 17 日，第二批全国带量采购的 32 个品种中标结果公示，平均降价幅度为 53%，最高降价幅度达 93%。由国家层面主导带量采购，是建立在仿制药一致性评价取得阶段性进展的基础上的集中采购，可申报品种为已通过一致性评价及参比制剂，或是按照化学药品新注册分类批准的仿制药品、纳入《中国上市药品目录集》的药品，对我国仿制药产业是革命性的改变。

1. 带量采购的短期冲击

医药企业是带量采购的直接参与方，医疗机构（尤其公立医院）是带量采购产品的使用方，带量采购对医药企业和医疗机构的影响最为直接，对其带来的短期冲击效应也最为显著。

◇对医药企业

在中国仿制药通过一致性评价提升质量的背景下，带量采购从“4 + 7”试点向全国推广落地，集采中标的原研和仿制药品价格大幅下降，25 个品种全国扩围最高降价 95%，平均降价 59%。制药企业正在经受降价的巨大压力。调整企业战略规划，适应以量换价的集采市场环境，成为企业目前面临的巨大挑战。带量采购对企业产生的一个非常显著的影响是对营销团队进行重整，挤压销售成本。据了解，自2018年以来，诺华、拜耳、赛诺菲等大型药企纷纷宣布裁员，2019年10月，本土药企北京嘉林药业也宣布解散销售团队。随着带量采购政策向纵深推进，为了降低成本，中标药企的渠道费用将大幅缩减，行业营销模式会发生重大变革。

带量采购对制药企业另一个显著的影响在于企业聚焦优势业务、调整战略架构、做出新的战略部署，将引发产业格局剧烈变动。在药物研发方面，企业由过去以销售为目的改剂型规格为主，转向原创新药研发。对于现有仿制药产品将选择有利于企业发展的产品优先通过一致性评价。带量采购使得有原料的制药企业更具优势，企业布局仿制药研发必将考量原料药和制剂的一体化问题，出现招标采购中进行的合并重组。

制药企业正在积极调整战略规划，成为创新型企业、优质仿制药企业或者代工企业的定位与发展，必然带来制药产业集中度提升、落后产能被淘汰的结果。

◇对医疗机构

带量采购在公立医院整体推行得比较顺利。据国家医保局发布的《2019年医疗保障事业发展统计快报》，截至2019年12月底，25个中选药品“4＋7”试点地区平均采购执行进度为183%，中标药品占同通用名药品采购量的78%。

带量采购对公立医院的深化改革起到了关键的助推作用。改变了原有的“带金销售”模式，净化了医务人员的行医环境，促进了合理用药；原研药的降价和通过一致性评价品种的替代效应，降低了药品费用，腾挪费用空间，为继续深化公立医院的改革提供了条件。

带量采购短期对公立医院用药行为也带来了不小冲击。医院需要完成带量采购品种的用药量指标，但是不同带量采购品种完成用药量指标难易程度不同，如氯吡格雷同品种产品少，采购品种的品牌和品质信誉度比较好，完成指标难度较小；氨氯地平由于替代品种多，加上采购品种的品牌信誉度不高，医生和患者容易选择替代品种，完成指标难度较大。

带量采购使患者的用药选择权受到限制。对原研药依从性好的患者更加依赖原研药，还有一些患者怀疑大幅降价的国产仿制药的质量和疗效，甚至产生药品质量不佳的暗示心理，因此有必要加大通过一致性评价的国产仿制药质量和疗效的宣传和教育。

带量采购品种面临质量和品种更新的考验。在医疗机构的实际用药层面，有品种已经发现了质量问题，如头孢呋辛酯，在口中就崩解的问题已经发生，药品监管部门加强质量监管任重而道远。此外，药品的更新换代也是实际用药中出现的不能回避的问题，带量采购品种的选择要有更多临床实际用药现状与发展的考量。

2. 带量采购将常态化发展

国家层面的带量采购是中国医药改革发展到现阶段的必然选择，也是中国仿制药未来的必然趋势。新医改始终致力于解决人民群众缺医少药的问题，尽管十多年来成效斐然，但药品价格居高不下仍然是亟须解决的问题，尤其是原研药。过去数十年来，外资药企在国内享受着“超国民待遇”，专利过期的进口药品仍维持高价的现象屡见不鲜。我国药企则时常扎堆仿制，导致产能过剩，优质仿制药企业的规模效应难以发挥。

国外原研药专利到期后，通常会出现所谓的“专利悬崖”现象，但该现象在中国一直未出现。我国仿制药定价不合理，专利到期的原研药价格偏高，导致在当前我国整体用药水平不够高的情况下，出现许多基础用药人均费用却高于发达国家的现象。营销费用和研发费用之比也远超发达国家，与全球的市场发展规律不相符。不降低药价，中国医保未来的“三保合一”很难持续运作，控费成为必要手段。基于以上原因，中国必须从政策层面采取果决的措施，让我国医药市场更好地回归正轨。

为了医保控费和让老百姓用上质优价廉的仿制药，增加更多药品及医疗服务的可负担性，带量采购势在必行。从实践角度，在多年政策探索的积淀和基础条件的完善下，全国带量采购政策逐渐浮出水面，具备了开展的成熟条件。自 1993 年起，国家层面及一些地方政府开始陆续探索药品采购的不同模式，二十多年来积累了大量经验和教训。同时仿制药一致性评价的顺利进行，使同质化仿制药的竞争具备了基础，为带量采购的开展奠定了质量基础，有效防止了在降价压力下药品质量也出现下降。

随着“4 + 7”带量采购、全国扩围及第二批带量采购的持续推进，我国仿制药带量采购呈现常态化发展态势。未来只要符合带量采购的基本条件的品种，如用量大、通过一致性评价企业多、竞争充分等，都有可能被纳入带量采购的范围。仿制药的同质化竞争会越来越激烈，进而为药品价格带来进一步的下降空间。

带量采购的具体规则也将日趋成熟。从“4 + 7”的独家中标到扩围和第二次带量采购的多家中标，从一年一招标到部分品种三年一招标，从不设置最高限价到设置最高不超过最低中标价的 1.8 倍，规则越来越细化和完善。预计未来带量采购的主基调不会改变，中标规则会愈加趋于合理，药企也会逐步适应带量采购的环境变化，使带量采购呈常态化发展。

3. 带量采购对市场影响深远

带量采购对我国仿制药行业的影响深远，主要表现为以下四个方面。

第一，仿制药企业成本控制成为生存之本。带量采购使仿制药价格大幅降低，挤压和控制仿制药成本的压力逼迫运营能力较弱的仿制药企业退出或者转向别的产业。在产能过剩的制造业，招标价直观反映了产品的平均社会成本。如果企业成本高于社会成本，说明企业的运营能力不足，市场会将其淘汰，成本最低的企业自然存活下来，仿制药市场的规则已经开始重构。

第二，带量采购使原研药和通过一致性评价的仿制药同台竞争。带量采购强调了两者质量地位的等同性，也实现了原研药与仿制药的同时降价。

第三，“政策双悬崖”对药品生命周期的影响将成为主流。所谓“政策双悬崖”是指专利悬崖和中国特色的医保悬崖。带量采购之前，由于原研药的政策优待，如跨国药企可以质量稳定性等为缘由，争取到招标时的加分，导致专利悬崖没有在中国如期产生。医保悬崖将使没有通过一致性评价的药品陆续退出市场，带量采购的扩大将使这部分产品逐步清出，部分药企将面临艰难选择。

第四，仿制药企业将规模化、集中化发展。生产的规模化和集中化更利于技术的突破，从而进一步提高效率，获取更大的社会效益；产品的规模化和集中化则有利于企业培养技术人才，实现技术的不断突破。

4. 带量采购常态化下企业的应对之策

带量采购将对企业战略决策带来巨大转变。在带量采购的大趋势下，企业在研发、生产和营销方面需要积极应对。

在研发方面，企业首先要明确自身定位和战略方向，研发立项前要注意研发方向和企业的战略相匹配。其次，研发要注意差异化。创新药开发注重差异化主要体现在避开对同一靶点的过度开发，如 PD-1 单抗，“扎堆”现象非常严重，在进入医保时将不得不面临竞争性谈判，创新价值将大打折扣。而对于仿制药开发来说，保证质量、降低成本是核心问题，但却是一个复杂的系统工程，同样需要有创新精神。降低成本并不是简单通过裁人、降低人员工资、降低培训费用和品牌费用实现，而是需要通过技术创新和提升企业管理水平来达到，是仿制药企业最值得去攻关的方面。通过技术进步降低成本难度高，但却永无止境。仿制药另一个研发转型策略是考虑进军高端制剂，高技术壁垒是高端仿制药竞争力的关键，是保证企业长时间避开激烈竞争的有效手段。

在生产方面，企业要注重规模效应和提高管理水平。仿制药未来的竞争是供应链的整体竞争，从原料药到制剂都要注重规模效应才能降低整体成本。随着全球科技的进步，数字化、人工智能将进一步促进生产的规模化发展，制药工业借助科技进步实现规模化的发展空间巨大。此外，生产部门内部的产供销协同管理也是提高生产效率的关键，越是体量大的制药企业，越是需要注重部门利益和公司利益有效统一。

在营销方面，全渠道营销将是未来的新趋势。随着“互联网+”等概念在医药领域的持续渗透，以及带量采购对医药市场的重塑，营销渠道、营销方式也越来越多元和复杂，仿制药企业的营销在传统基础上也发生了根本性改变，各渠道之间相互融合渗透更为深入，营销全盘布局的战略在当前环境下尤为重要。院内到院外、线上到线下、大型医院到基层的营销开始一体化发展。企业要想在未来营销竞争格局中占有一席之地，更需要采取主动求变的策略，积极进行全面的营销布局。

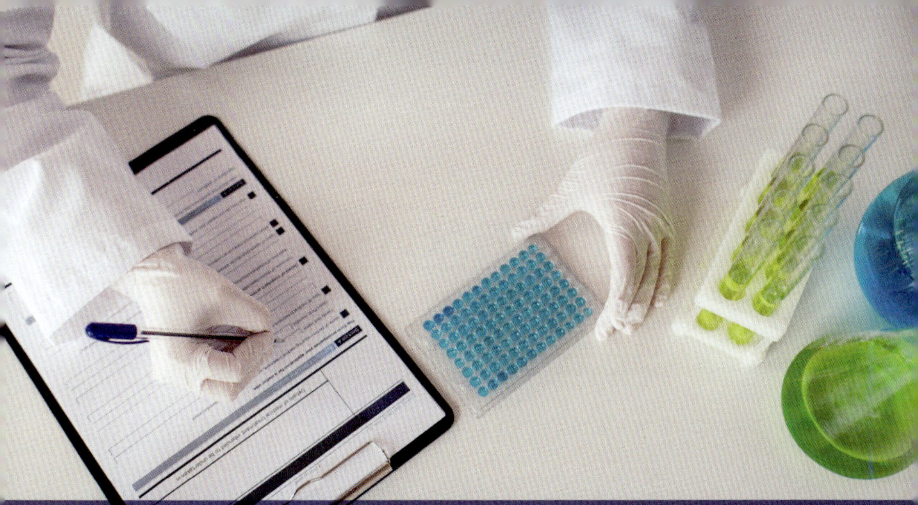

热点话题二：儿童药

全球卫生系统对于儿童药的定义并没有统一的标准。一般认为，广义的儿童药指所有供儿童使用的药物，狭义的儿童药仅指儿童专用药，即 14 岁以下未成年人使用的专用药品（联合国《儿童权利公约》和我国未成年人保护法中指的是 18 岁以下）。中国医药工业信息中心对照国内上市药品的药品说明书，将儿童药划分为四个类别：儿童专用药、儿童适用药、儿童共用药和其他儿童相关药物（儿童慎用药和禁用药）。

1. 儿童药市场持续增长

据 BBC Research 调查数据显示，全球儿童药物市场规模呈逐年上升趋势，2018 年全球儿童药物市场规模约为 973 亿美元，较上年同比增长 3.4%。2013—2018 年，全球儿童药物市场规模年均复合增长率为 3.76%，略高于全球处方药市场规模增速（1.99%）（图 5）。

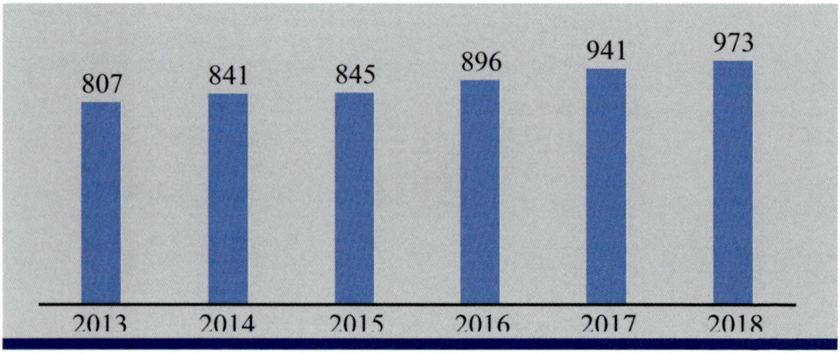

图 5　2013—2018 年全球儿童药物市场规模（亿美元）

据中国医药工业信息中心测算，我国 2018 年儿童药市场规模约为 1460 亿元，仅占整体药品市场的 9%，而 2018 年我国 0～14 岁儿童占全国总人口约 16.9%，市场容量远未饱和，临床需求旺盛。随着我国在 2013 年提出二孩政策后，出生率有所回升，2016 年达到近 10 年来最高值 12.95‰，随后由于宏观经济及就业环境等原因，2018 年人口出生率又回落至 10.94‰。预计未来几年我国人口出生率将趋于稳定，基本维持在 10‰～11‰，加上中国特殊的“4 + 2 + 1”及“4 + 2 + 2”型家庭结构当前占据很大比重，儿童在家庭中的健康尤其受到全家人乃至全社会的高度关注，对用药质量要求也不断提高，未来我国儿童药的市场呈发展态势。

2. 国家长期鼓励和支持儿童药研发

国家对儿童用药问题关注已久，早在 2011 年国务院常务会议通过了《中国儿童发展纲要（2011—2020 年）》。2014 年，国家卫生和计划生育委员会等六部门联合印发了《关于保障儿童用药的若干意见》，从鼓励研发创制、加快申报审评、确保生产供应等环节对保障儿童用药提出了具体要求。

◇政策法规和技术指导原则逐步完善

2014 年之后，更加具体和可操作性强的政策法规和技术指导原则相应发布（表 12），儿童药研发、审评、生产与供应保障的相关要求逐步清晰和完善。

表 12 近年来我国儿童药相关政策和法律

发布时间	事件	内容及意义
2011 年 6 月	国务院常务会议通过《中国儿童发展纲要（2011—2020 年）》	国务院第一次提出通过制订法律法规的方法，促进儿童用药上市的建议
2013 年 3 月	《中国国家处方集》儿童版正式发布	我国第一部由卫生部组织编写的规范临床用药行为，指导和促进儿科临床合理用药的书籍，为儿科医生开具处方提供依据，为我国儿童用药安全提供了保障
2014 年 5 月	国家卫生和计划生育委员会、发展和改革委员会、工信部、人社部、CFDA、中医药局印发《关于保障儿童用药的若干意见》	我国关于儿童用药的首个综合性指导文件
2014 年 7 月	CFDA 发布《儿科人群药代动力学研究技术指导原则》	对儿科人群进行药代动力学研究的总体考虑、试验设计和方法学、伦理学考虑给出了指导意见

续表

发布时间	事件	内容及意义
2015 年 2 月	国务院颁布《关于完善公立医院药品集中采购工作的指导意见》	提到对妇儿专科非专利药品（上述药品的具体范围由各省区市确定），实行集中挂网，由医院直接采购
2015 年 6 月	国家卫生和计划生育委员会办公厅印发《关于成立国家卫生计生委儿童用药专家委员会的通知》	组建由儿科医学、药学等领域专家组成的儿童用药专家委员会
2015 年 12 月	CFDA 公开征求《临床急需儿童用药申请优先审评审批品种评定的基本原则》意见	根据原则对 10 种儿童用药优先审评申请进行了评定
2016 年 3 月	CFDA 组织制定了《儿科人群药物临床试验技术指导原则》	提出了从成人数据向儿科人群数据外推的原则和要求
2016 年 6 月	国家卫生和计划生育委员会、工信部、CFDA 组织专家制定了《首批鼓励研发申报儿童药品清单》	清单涉及 32 个品规

续表

发布时间	事件	内容及意义
2017年5月	国家卫生和计划生育委员会、工信部、CFDA 提出《第二批鼓励研发申报儿童药品建议清单》	清单涉及 39 个品规
2017年10月	《关于深化审评审批制度改革鼓励药品医疗器械创新的意见》	完善落实药品实验数据保护制度，包括儿童专用药，给予一定数据保护期
2019年7月	《第三批鼓励研发申报儿童药品清单》	清单涉及 34 个品规
2019年8月	医保局新版医保目录公布	纳入儿童药品种数历史最高
2019年8月	新修订《药品管理法》表决通过	将“儿童用药”正式写入法律，位居第 16 条

◇推动政策清单逐步落实到位

多个政府部门积极推动儿童药相关政策的落地实施，组织儿科临床和药学专家，对国外已上市但国内尚没有注册上市的儿童适用药品剂型规格进行梳理，于2016—2018 年先后发布了三批《鼓励研发申报儿童药品清单》，总计 105 个鼓励研发申报的儿童药品种，以引导儿童药品研发，引导企业合理生产。清单主要结合中国儿童疾病谱情况，涵盖神经、心血管、内分泌、血液等儿童常见疾病领域，且多数品规未在国内申报，但已在国外上市，是国内缺乏的儿童适用剂型和规格。

三批鼓励研发申报儿童药品清单印发后，多部门按照职责分工，密切协调配合，对清单中药品的研发、审评、供应和临床合理用药给予政策倾斜与专业技术支撑。一是对于清单药品，通过建立申报审评专门通道，对在港澳台地区已使用多年、临床疗效好且使用安全，但未在内地上市的儿童急需药品，探索试点进口使用。研究探索在注册审评进口儿童药品时允许直接引用港澳台地区儿童临床用药数据作为申报依据，加快审评审批。二是通过国家“重大新药创制”科技重大专项、蛋白类生物药和疫苗重大创新发展工程等，整合优势单位协同创新研发，引导和鼓励企业优先研发和生产儿童药。三是在保障生产供应方面，对相应的儿童用药生产企业进行扶持，推动开展产品升级、生产线技术改造等，保障生产供应。四是在提高临床合理用药方面，发挥专业机构学术优势，及时总结临床用药经验及安全用药数据，整理形成用药指南并指导临床合理用药，通过建立儿童临床用药综合评价体系和临床数据库，整理分析儿童用药数据并定期开展综合评价。五是落实《国家卫生计生委办公厅关于进一步加强医疗机构儿童用药配备使用工作的通知》（国卫办药政函〔2015〕719号）要求，将清单药品直接挂网采购，鼓励医疗机构优先使用清单药品，各医疗机构要放宽对儿童适用品种、剂型、规格的配备限制，满足儿科临床需求。

◇儿童药优先审评审批步入常态

2015年开始，CDE逐步完善有关药品的注册申请优先审评制度，起草了《临床急需儿童用药优先审评审批品种评定的基本原则》，对具有高度临床价值和急需性儿童用药实行优先审评审批制度。自 2015 年底开始对儿童药优先审评审批以来，优先审评审批的儿童药批件数有所增加，在所有优先审评审批申请中的占比逐年升高（表 13）。儿童药优先审评审批步入常态化管理。

表 13　2016—2018 年儿童药优先审评审批情况

年份	纳入优先审评审批注册申请数	纳入优先审评审批的儿童药注册申请数	优先审评审批注册申请中儿童药占比
2016	57	5	8.77%
2017	423	47	11.11%
2018	313	35	11.18%

◇医保支持儿童药报销

2019 年 8 月 20 日国家医保局发布的《国家基本医疗保险、工伤保险和生育保险药品目录》中，儿童药同样成为优先考虑覆盖的品类。以儿童专用药和适用药为例，2019 年版的医保目录共纳入了 232 个儿童专用及适用药，较 2017 年版增加了 38 个。与前次调整所间隔的 8 年时间相比，本轮目录调整迅速及时。儿童药品进入医保目录，无疑将极大提升药物的临床可支付性和可及性。

◇儿童用药入法开启法制化管理第一步

2019 年 8 月 26 日，十三届全国人大常委会第十二次会议表决通过的新修订《药品管理法》，其第十六条第三款明确，“国家采取有效措施，鼓励儿童用药品的研制和创新，支持开发符合儿童生理特征的儿童用药品新品种、剂型和规格，对儿童用药品予以优先审评审批”。“儿童用药”入法后虽然与此相匹配的法律条文只是“鼓励”“支持”“优先审批”的关键词，但专家认为，这次主要以药企为源头入法，未来一段时间或许与“儿童药”有关的更多法规将会被逐步完善、优化，而这条鼓励药企研制开发儿童药的法规条文或将成为“儿童药开始法制化”的第一步。

3. 我国儿童药发展存在的突出问题

我国儿童药发展当前仍面临严峻的问题，主要体现在以下方面：

◇儿童适宜剂型单一、规格缺乏、治疗领域过度集中

据中国医药工业信息中心调研，我国样本医院儿童用药共包含了51种剂型，但68.5%的品种集中在片剂、注射剂、颗粒剂和口服溶液剂4种剂型，适用于新生儿、婴幼儿及学龄前儿童的栓剂、泡腾剂、乳悬剂、药膏和喷雾剂相对缺乏。使用剂量方面，儿童给药多依据成人剂量，再通过体重、体表面积、年龄换算等方法来确定，缺乏儿童专用规格。一项针对国家药品数据管理系统中在产药品进行的统计分析发现，

截至2017年底，我国适宜儿童用药规格的药品占比仅约10%。如治疗儿童先天性心脏病的地高辛注射液，没有适合儿童使用的规格，医生只能将成人用药剂量的1/7或1/8设为儿童用药剂量，用药剂量十分不精准。治疗领域方面，目前我国儿童专用药过度集中于呼吸系统药物，尤其是呼吸系统中成药。但随着社会经济发展，儿童疾病谱也发生了变化，一些心血管疾病、神经系统疾病甚至肿瘤在儿童中也时有发生，治疗这些疾病的儿童专用药缺位严重。

◇儿童用药结构不合理

2019年中国医药工业信息中心对我国批准上市的5606个儿童用药品种进行分析发现，儿童专用药仅有554个品种，占比仅为9.9%。如按照药品批准文号统计，儿童专用药占比低至3.9%。儿童专用药品种中大多为中成药，化学药和生物药占比相对匮乏。根据中国医药工业信息中心对样本医院儿童专用药使用实际情况的调研发现，儿童专用药品种中仅 24.6% 为化学药或生物药，超过 75% 为中成药。

◇超适应证用药现象严重

儿童专用药的缺乏直接导致大量儿童患者在超适应证使用未注明儿童用法用量、未进行过系统性儿科临床研究的成人药，儿童用药存在安全风险隐患。前 CFDA 相关研究单位发布的《2016 年儿童用药安全调查报告白皮书》曾显示，我国儿童药物不良反应率为 12.5%，是成人的 2 倍，新生儿更达到了 4 倍。儿童专用药品不足、合理用药知识的匮乏以及药品说明书不完整等情况导致儿童用药常常出现“用法靠猜、用量靠掰”的现象。如果一味地用成人用药替代儿童用药，不但浪费药品资源，而且存在危害儿童身心健康的潜在风险。

◇儿童药生产企业少

据中国医药工业信息中心 2019 年调研，我国持有儿童专用药生产文号的企业数量不少，共有 1392 家，但专门生产儿童药的企业却非常少。据全国工商联药业商会 2013 年调查发现，在中国 6000 多家药厂中，专门生产儿童药品的仅 10 余家，该现象近年来也未得到改善。在儿童用药这个大部分企业不愿涉足的“冷门”领域，药厂普遍生产积极性不高，专门从事儿童药品研发、致力于改善儿童用药现状的企业并不多。

◇儿童专用药批准上市少

调研显示，目前我国已批准上市的、通用名包含“小儿”“儿童”字样或者说明书功能主治（或适应证）描述仅限儿童使用的儿童专用药数量不到 600 个，涉及的药品批文仅占总批文数量的 3% 左右。

4. 儿童药问题产生的原因分析

儿童用药问题产生的最根本的原因在于儿童药开发环境受限和企业研发动力不足，取得突破性进展面临的挑战巨大。

◇儿童药开发环境受限

一方面，儿童用药的临床试验难度大、风险高。由于儿童药品临床试验机构少和缺乏受试者的保障机制，我国面临着儿童药品临床试验难题。中国儿童多为独生子女，绝大多数父母不愿意将孩子作为临床受试者，企业在招募受试者时，要在说服家长的工作上投入大量人力和时间成本。此外，儿童药品风险过大，导致临床试验机构及参与临床试验的医生积极性不高。

另一方面，我国儿科及儿童用药专业技术人员缺乏。据《2017年我国卫生和计划生育事业发展统计公报》统计，全国每千名儿童的执业（助理）医师配比仅为0.55人，与一般发达国家的0.85~1.3人差距甚远。可以支持儿童新药、新剂型开发的临床研究人员相对缺乏。虽然近年来国家鼓励儿童用药研发，药品研发与生产企业也开始注意到儿童用药的市场潜力，但由于儿童用药研发在中国起步较晚，研发人员和企业普遍缺乏经验，儿童药开发环境依然有限。与欧美国家相比，我国儿科创新药和仿制药的临床试验能力都有待提高。

◇企业研发动力不足

生产企业对于儿童专用药研发缺乏动力，主要源于儿童药的内部特征和外部政策两个方面。

从内部特征看，首先，儿童药品相对于成人药品的市场份额有限。成人新药上市后患者数量大，商业回报快。儿童各个年龄段具有病理特殊性，患病周期较短，疾病种类又多和成人相同，这就导致了儿童用药市场的“长尾化”，如果没有专门的销售渠道，通常的药品生产企业无法取得很好的市场效益。其次，儿童疾病多是随季节而变化的，生产以小批量、多批次为主。治疗小儿感冒、呼吸道感染、腹泻等药品需按季节生产，企业需要经常更换品种，在生产淡季时，容易造成生产能力放空的现象。最后，儿童药品的生产工艺与成人药品相差不多，但在剂型、规格、口味、颜色等方面又有一定的特殊要求，所以耗费大且程序复杂，新药研发周期长，增加了企业研发和生产儿童药品的成本。

从外部政策看，主要原因为儿童用药研发上市缺乏价格激励机制。近几年国家对药品价格改革加快，虽然绝大多数药品包括儿童药品取消了政府定价，解决了过去有效成分定价政策导致儿童药品定价难以弥补成本的问题，但是由于强化基本医疗保险机构的控费作用，儿童药品的报销比例不容乐观，制约了企业对儿童药品生产的积极性。

5. 儿童药的发展建议

促进儿童药发展的关键在于通过政策来有效解决儿童药发展面临的困难。现有政策的顶层设计已相对完善，部门各司其职，在促进儿童药发展的过程中起到了关键作用。基于我国儿童药的发展现状、问题及现有政策，建议政府相关部门重点做好以下工作：

（1）提高政策与《药品管理法》中儿童药相关条款的协同性：法律与政策对“儿童药”的鼓励需要系统整合，形成在实操上可执行的“合力”，才能真正有效实施法律和政策理念，更快促进儿童药的发展。

（2）建立儿童用药大数据库：儿童用药大数据库建设有助于从多角度出发探究儿童用药领域的问题和机遇，解决儿科临床用药问题，提高儿童用药可及性；并且可充分将儿科领域的“政产学研医”成果有效融合，从而为政府提供决策依据。基于此，“十三五”国家科技重大专项“儿童用药品种及关键技术研发”课题特别将“中国儿童药物研发与转化体系建设”作为一个重要的子课题进行研究。

（3）加强“儿童药”及“儿科”医药相关人才的培养：完善儿童临床试验专家的人才队伍建设。“儿童药发展环境受限”最主要是人才的缺乏，解决人才问题虽不是一朝一夕之事，但从长远来看实为至关重要。

热点话题三：罕见病药

美国《罕见病法案》将罕见病定义为在美国患者数低于 20 万人的疾病，欧盟定义为患病率低于 1/2000 的慢性、渐进性且危及生命的疾病。我国罕见病没有明确法律释义，但在 2010 年中国罕见病专家研讨会上将其定义为患病率小于 1/500000 或新生儿发病率小于 1/10000 的疾病。据此估算，中国罕见病患者人数约为 1680 万。2018 年 5 月，国家卫生健康委员会等五部门联合公布《第一批罕见病目录》，收录了121种罕见病，是中国政府首次以疾病目录的形式界定罕见病。

据美国FDA统计，目前全球超过2.5亿人罹患7000多种罕见病，平均每种疾病只有3.5万名患者。罕见病患者有近一半为儿童，全部罕见病仅有10%有已批准的治疗药物或方案。随着医学和生物技术的发展，新的罕见病不断被发现，每年新增的罕见病种类约为30种。

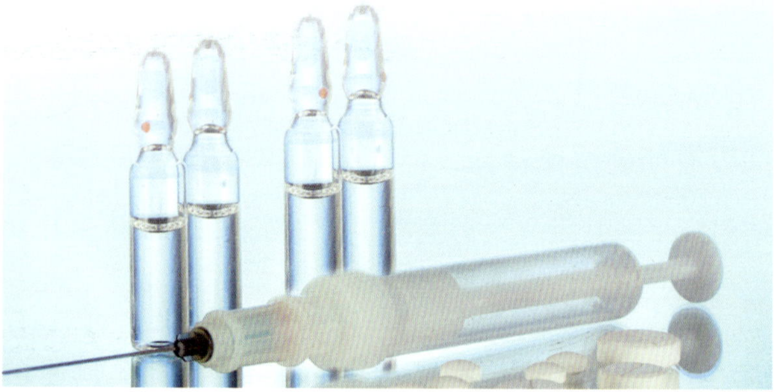

1. 政策推出的千亿美元市场

据 EvaluatePharma 发布的《罕见病药物报告》（2018）显示，2017 年全球罕见病药物市场总额为 703 亿美元，占据处方药市场份额的 16%，预计到 2024 年，罕见病药物市场总额将达到 2620 亿美元，占处方药市场份额可能超过 20%。

罕见病药市场快速发展得益于各国政府的政策保障，罕见病药研发投入大而患病人数少，政府如不加干预，企业投入意愿较低。美国是罕见病药物研发最为集中的国家，药企较高的投入意愿很大程度上受益于完善的政策配套。早在 1983 年，美国就签署了“孤儿药”法案，给予“孤儿药”50% 的税收优惠以及豁免使用费，以此来补贴药企在临床试验和开发中的投入。此外，一种“孤儿药”被获批之后，拥有长达7 年的市场独占权。最重要的是，在罕见病的支付方式上，有商业保险支付罕见病药的高额费用，有时甚至高达每人每年 30 万 ~ 45 万美元。凭借高定价，用药人群相对较少的罕见病药市场回报依然可观，激励着更多药企对罕见病药的持续投入。直到今天，美国关于孤儿药的政策红利仍在释放。

在罕见病药审评审批方面，美国也一直走在世界前列。据 FDA 的统计，截至 2017 年美国共有 77 个罕见病药获批上市，上市成功率达 100%。近年来，美国罕见病药的上市速度呈现出不断加快的趋势，FDA 批准了多种相关药品上市，仅 2018 年就有 59 种新药上市，创下历年新高。

2. 我国罕见病药的市场现状及问题

◇药品可及性差，主要依赖进口

我国自主研发的罕见病药市场几近空白，罕见病药主要依赖进口，且因这类药供应的不可控因素较多，仍有许多在欧盟、美国已获批上市的罕见病药未进口到国内，致使有些“有药可治”的罕见病处于“境外有药，境内无药”的现实中。据《中国罕见病药物可及性报告2019》[1] 显示，截至 2018 年 12 月，在我国发布的《第一批罕见病目录》121 种罕见病中，有 74 种罕见病“有药可治”，仍有 21 种罕见病药没有引进到国内上市。

---

[1] 该报告由罕见病发展中心与 IQVIA 联合发布。

◇药价昂贵，患者负担重

EvaluatePharma 统计显示，2016 年美国罕见病患者平均医疗投入为 14.04 万美元 / 人年，如不给予药物治疗则无法维持生命。据了解，美国罕见病药定价一般为非罕见病药的 6 ~ 7 倍。2018 年 2 月 27 日，病痛挑战基金会等机构在国际罕见病日十周年发布会上共同发布的《2018 中国罕见病调研报告》显示，我国罕见病患者平均需自费承担医疗开支的 70% ~ 80%，大部分人无法承担每年高达数十万元甚至上百万元的医药费用。

◇创新药研发难度大，亟须仿制

结合我国医药工业的现实发展状况，罕见病药仿制是尽快满足我国庞大罕见病群体用药需求的现实路径之一。2017—2019 年至少有 24 个罕见病“重磅药品”专利到期，其中有不少品种的全球销售额峰值超过 10 亿美元，但目前这些药品大多数在国内尚无企业进行抢仿申报。这些罕见病药在国内的仿制鼓励政策不完善，企业虽有能力抢仿，但无力将其推上市场或者盈利是最核心的问题。

3. 罕见病药问题产生的主要原因分析

◇政策激励不足，药企缺乏研发动力

罕见病患者人群分散，药物市场容量小，研发投入在短期内难以获得合理回报。例如地拉罗司分散片原研药厂家是诺华，该产品用途是减少因 β - 地中海贫血或其他慢性贫血等疾病而接受长期输血的患者的慢性铁超负荷。在欧洲，该药被推荐作为 6 岁以上地中海贫血铁过载患者的一线用药。2018 年该产品在中国样本公立医院的销售额仅有 874 万元，市场相对狭小，国内企业目前对该药仿制研发的热情不高。

目前全球上市的罕见病治疗产品 600 个左右，但国内上市的产品不足 40%。国内外罕见病药物研发冰火两重天，国外企业热情高涨，我国企业冷眼观之。其根本原因在于我国罕见病药相关政策激励不足，药企缺乏研发动力。

◇研发和审评审批难度大

罕见病药研发和审评审批难度也较高。

获取足够量的临床数据是药物研发的必要前提。罕见病患病人群基数小，据我国《第一批罕见病目录》中的 121 种罕见疾病推算，我国平均每个罕见病患病人群数不到 15 万人。既往临床数据缺乏，临床试验开展困难，加上医生普遍对罕见病缺乏诊断经验，增大了药物研发的困难。

由罕见病的低发病率和治疗药物的稀缺性造成的研究数据相对缺乏也同样对罕见病药物的审评审批构成了挑战，能支持相关药物审评的信息非常有限。除 2018 年发布的《第一批罕见病目录》外，我国没有一个明确的罕见病目录。审评人员甚至难以确定药物所治疗的疾病在中国是否为罕见病。此外，目前已有一批药品以治疗罕见病的名义提出注册申请、希望能被加快审评审批，但哪些罕见病药需优先加快审评，却是药品审评中的困扰，即缺乏具体的指导，难以把有限的审评力量用在需求最迫切的领域。

再者，为了保障药品安全性，仿制药“一致性评价”也提高罕见病仿制药的门槛。罕见病仿制药同样也需要按照国家的规定确保药品的质量和疗效与原研药一致，进一步增大了罕见病仿制药的开发难度。

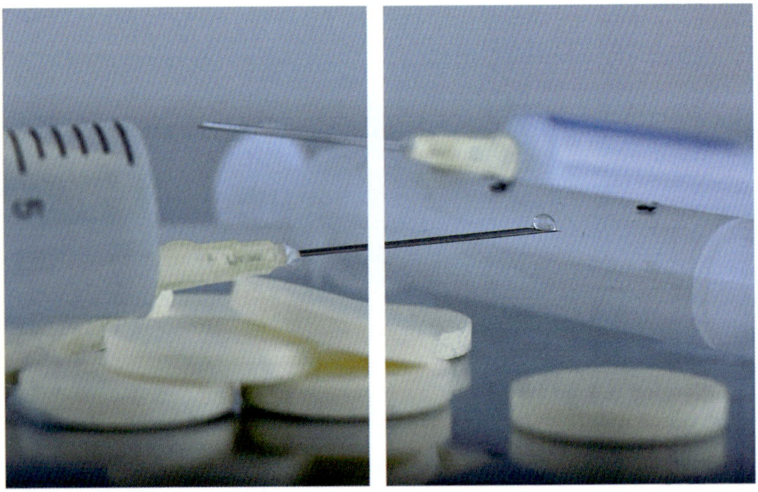

4. 罕见病药相关政策陆续补位

政策的激励是罕见病药市场发展重要的助推器，1999—2017 年我国在多个法规及重大规划中提及罕见病药品，国家在顶层设计上推动罕见病药的发展，为我国后续罕见病药品管理细则的出台和落实奠定了基础（表 14）。

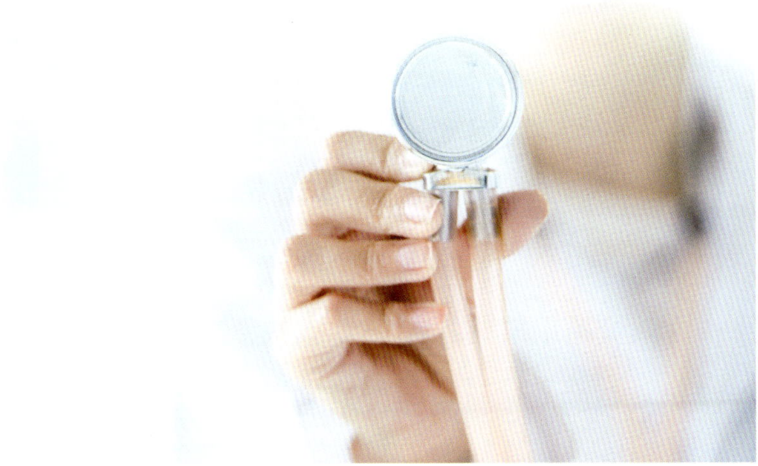

表 14 国家顶层设计高度重视罕见病药的发展

年份	法规及重大规划	罕见病相关要点
1999 年	CFDA 颁布《新药审批办法》	第一次界定罕见病新药实施快速评价制度
2009 年	出台《新药注册特殊审批管理规定》	规定罕见病药品特殊审批
2012 年	国务院印发国家药品安全"十二五"规划	鼓励罕见病用药研发
2016 年	国务院印发"健康中国 2030"规划纲要	完善罕见病用药保障
2017 年	国务院印发"十三五"国家药品安全规划	优先审评审批罕见病药品，对罕见病领域鼓励具有自主知识产权的新药研发，罕见病临床药品施行优先审评审批制度

在政策落地层面，2015 年以来，政府各相关部门对罕见病药的政策推进力度明显加大，主要体现在罕

见病相关信息平台建立、出台罕见病相关治疗指南、发布罕见病目录及鼓励仿制等多个方面（表 15）。

表 15　2015 年以来我国罕见病药相关政策

发布时间	政策
2015 年 12 月	国家卫生计生委罕见病诊疗与保障专家委员会成立
2016 年 9 月	国家罕见病临床队列研究项目立项 国家罕见病注册登记平台建立
2017 年 2 月	人社部印发的《国家基本医疗保险、工伤保险和生育保险药品目录（2017 年版）》
2017 年 10 月	《关于深化审评审批制度改革鼓励药品医疗器械创新的意见》明确提出支持罕见病治疗药品医疗器械研发
2018 年 5 月	国家药监局、卫生健康委员会发布《关于优化药品注册审评审批有关事宜公告》
2018 年 6 月	《第一批罕见病目录》正式发布

续表

发布时间	政策
2018 年 8 月	国家药监局：用户罕见病的药品注册申请，可有条件接受境外临床试验数据，提出 49 个罕见病药品
2018 年 12 月	国务院发布《2019 年进出口暂定税率等调整方案》
2019 年 2 月	国家卫生健康委员会官网发布《国家卫生健康委办公厅关于建立全国罕见病诊疗协作网的通知》
2019 年 2 月	《罕见病治疗指南》出台
2019 年 8 月	新修订《药品管理法》，专门提出要鼓励罕见病药物研发，对罕见病药品、新药实施加快审评制度、优先评审制度等。还从法律的角度规定我国的药品生产企业、批发企业、经营机构、医疗机构都有义务鼓励罕见病药品的研发、促进罕见病患者获得治疗等。
2019 年 10 月	国家卫生健康委员会正式印发《第一批鼓励仿制药品目录》

◇财务激励

罕见病药在美、欧、日三地的财务激励主要表现在市场独占期，独占期内药监机构不会批准仿制药上市。按照我国 2018 年 4 月发布的《药品试验数据保护实施办法（暂行）》（征求意见稿），罕见病治疗药品自该适应证首次在中国获批之日起给予六年数据保护期。

此外，税收也给予罕见病药政策倾斜。2018 年年底国务院发布《2019 年进出口暂定税率等调整方案》，方案明确自 2019 年 1 月 1 日起，对 706 项商品实施进口暂定税率，包括多种罕见病药原料，其 2019 年暂定税率均为零。2019 年 2 月 11 日，国务院总理李克强主持召开国务院常务会议，部署加强癌症早诊早治和用药保障的措施，并提出从 3 月 1 日起对首批 21 个罕见病药品和 4 个原料药参照抗癌药对进口环节减按

3% 征收增值税，国内环节可选择按 3% 简易办法计征增值税。根据现行增值税计税办法，制药行业纳税人进口货物的适用税率为 16%。

◇特殊审评审批

通过“罕见病药”身份获得特殊审评审批资格而快速推进上市，再进一步扩大适应证范围的方式，已经成为全球主要市场上市新药的一股重要力量，也直接加大了企业申报罕见病药的热情。我国现已通过法律及政策多重机制确保罕见病药审评审批快速推进。

据《2018 年度药品审评报告》，2018 年国家药品监督管理局药品审评中心共将 313 件注册申请纳入优先审评程序，其中儿童用药和罕见病药 63 件。新发布的《药品管理法》，从法律上确立了罕见病药“绿色通道”机制，即允许孤儿药可以基于国外临床试验的结果优先快速审批，同时医疗机构可以从境外市场合法采购小批量的急需孤儿药。

2019 年 10 月 9 日，国家卫生健康委员会正式印发《第一批鼓励仿制药品目录》，公示了第一批鼓励仿制的 33 个药品。其中针对罕见病的用药就占了 7 种，包括尼替西农（胶囊）、格拉提雷（注射液）、溴吡斯的明（片剂 / 缓释片）、曲前列尼尔（注射液）、波生坦（片剂）、艾替班特（注射液）和地拉罗司（分散片），分别用于治疗肺动脉高压、重症肌无力、多发性硬化、遗传性血管水肿、贝赫切特综合征等。要求各相关部门要按照有关规定，在临床试验、关键共性技术研究、优先审评审批等方面予以支持。

◇加强管理及促进协作

2019 年 2 月 15 日，国家卫生健康委员会官网发布《国家卫生健康委办公厅关于建立全国罕见病诊疗协作网的通知》，遴选出了罕见病诊疗能力较强、诊疗病例较多的 324 家医院作为协作网医院，组建罕见病诊疗协作网。其中，包括 1 家国家级牵头医院、32 家省级牵头医院和 291 家协作网成员医院。建立医院协作网能相对地把散在不同地域的患者集中诊治，缩短患者的诊断历程，减少误诊与误治，做到标准化、规范化，给予已发病的罕见病患者更合适的诊治方案。对高危人群，及早采取各种预防措施，减少发病。

2019 年 2 月 27 日，《罕见病治疗指南》出台，包括已颁布的第一批罕见病目录，国家基本药物、国家基本医疗保险药品目录等，也都涉及罕见病药品，对罕见病的诊疗管理不断加强。

◇保障支付

国外罕见病药品的高价可以由商保托底报销，国内罕见病药的医保支付比例尚不明确。罕见病药的医保国家层面涉及的文件主要是以下两份：一是 2012 年发布的《关于做好2012年新型农村合作医疗工作的通知》，该文件将包括罕见病在内的12个病种纳入大病保障试点范围，但并无详细规定。二是2017年人社部印发的《国家基本医疗保险、工伤保险和生育保险药品目录（2017年版）》，扩大了罕见病药的保障范围，共有53种罕见病用药，覆盖17种罕见病，涉及血液疾病等。其中甲类目录罕用药19种，乙类目录罕用药34种。进入甲类目录的药品一般是100%报销，乙类目录则需要患者自行承担一部分，这意味着尽管罕用药医疗保障覆盖范围增大，但报销规模有限。

除了以上两份文件，国家层面在医保支付方面无更多关于罕见病的具体医保措施，更多文件停留在省市层面。以上海市为例，2011年起，上海便将庞贝病、戈谢病、黏多糖病、法布雷病这四种罕见病纳入上海市少儿住院互助基金的支付范围，对纳入支付范围的特异性药物，每人每学年最高可报销10万元。2012

年，报销额度进一步提升至 20 万元。此外，2016 年，上海出台了国内首个罕见病目录，共涉及 56 种疾病。相较而言，地方层面出台罕见病医保政策与地方财政实力相关，发达地区保障较为到位。

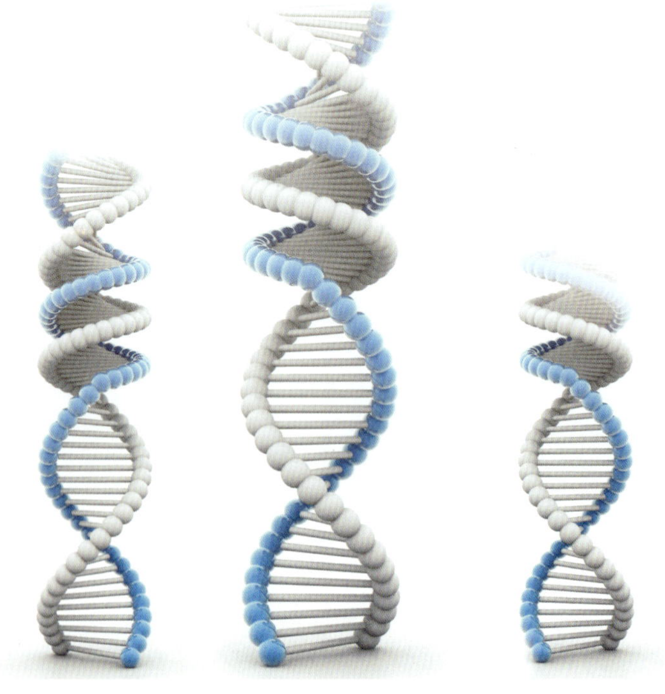

5. 罕见病药的发展建议

中国新颁布的《药品管理法》为保障罕见病患者药物可及性提供了急需的法律支持。但中国在应对罕见病方面仍然面临其他国家相似的挑战，包括新治疗方法的创新，解决罕见病患者和家庭因病而带来的社会经济影响，保障其接受高质量的医疗服务，提高对罕见病的认识程度等是重大公共卫生问题。

◇加大研发支持力度

相比美国等发达国家，我国对罕见病药开发的支持力度仍旧不够。加大财政支持、鼓励科研院所参与罕见病药研发是政府促进罕见病药发展的重要举措之一，政府应优先考虑将罕见病药纳入国家重大新药创制计划。支持新增老药新用途等罕见病治疗适应证的开发，重视真实世界的临床数据对罕见病药审评审批的参考作用。鼓励企业开发罕见病药，相关品种在市场独占权、税收减免等方面政府应给予更多支持。

◇区分仿制和创新，分别进行系统化管理

针对我国罕见病用药面临的困境，需要仿制药和创新药共同发展来应对患者用药可及性问题。罕见病仿制药的发展能有效缓解患者经济负担，显著提高用药可及性，例如艾曲波帕作为用于罕见病血小板减少性紫癜的有效药，2008 年被美国 FDA 批准上市，是美国和欧盟指定的“孤儿药”。但原研药价格高昂，患者负担沉重。据了解，进口的原研艾曲波帕在我国各大医院的官方报价高达 5890 元人民币 / 盒[①]，即便在印

① 规格是 25mg × 28 片 / 盒。

度有特殊的定价策略，同规格同剂量的原研艾曲波帕价格也达到3300元人民币[②]。碧康制药生产的Elbonix是该药在全球的首仿药，也是迄今为止唯一获得政府监管机构批准合法生产的仿制药，同规格剂量价格仅相当于印度上市原研药的1/6左右，每月的费用仅需300元左右，大大减轻患者经济负担。

罕见病仿制药和创新药在满足患者用药需求方面各有优势，需要分开进行系统化管理，根据分类制定更合适的审评审批标准，加快罕见病仿制药的审评和上市许可。

◇进一步完善罕见病的医疗保障制度

由于仍有许多罕见病药在我国未纳入医保，患者用药经济负担沉重。降低企业增值税等激励措施并不

② 规格是25mg×14片/盒，每盒1650元人民币。

能直接起到降低药价的作用，完善罕见病的医疗保障制度才是为患者“减负”的根本途径。三种社会救助保障模式在这方面做出了积极的探索，包括青岛以政府资助为主的保障模式，上海基于慈善救助的模式，以及浙江省政府财政联合医疗保险和医药公司谈判议价的模式等，此外多个省、市相继加入探索保障罕见病医疗服务的不同方式。

中国罕见病救助保障工作尽管在上述地方模式取得一定进展，但令人担忧的是在全国范围内罕见病药可及性方面是否有强有力的保障支持系统，未来还需更多的罕见病保障救助政策的持续跟进和细节落实。充分发挥医疗保险对罕见病药的保障功能，及时将相关品种纳入基本医疗保险支付范围，是解决相关罕见病药治疗可及性的重要途径。

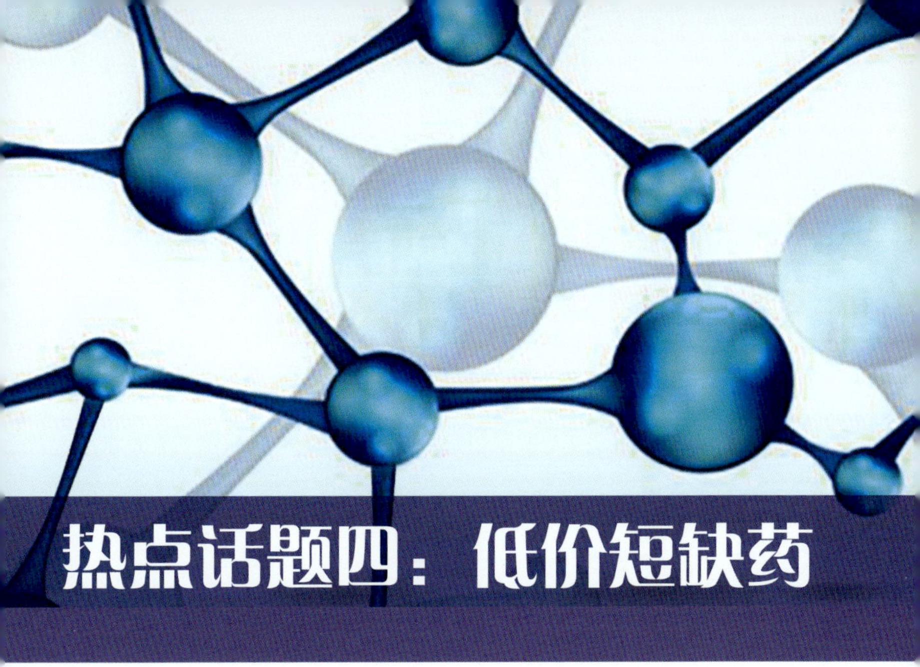

热点话题四：低价短缺药

国家发展和改革委员会于2014年发布了低价药品清单，将药品日均费用低于某水平线[1]的药品定义为低价药。低价药通常都包含能够满足基本医疗卫生需求、剂型适宜、保证供应、基层能够配备、患者能够公平获得的药品，主要特征是“安全、必需、有效、价

① 2014年国家发展和改革委员会颁布的《关于改进低价药品价格管理有关问题的通知》，将化学药日均费用低于3元，中成药日均费用低于5元的药品定义为低价药品。

廉”。由于与基本药物涵盖的药品重合度较高，低价药品的供应关系到老百姓基本用药，建立健全健康、有效的低价药品供应保障体系至关重要。

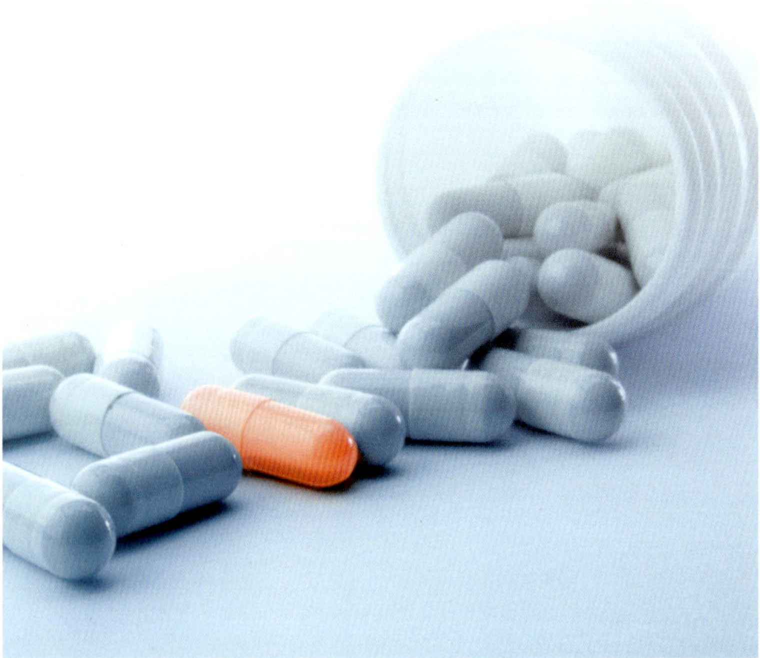

1. 低价药品短缺仍时有发生

所谓短缺药品，是指经药品监督管理部门批准上市，临床必需且不可替代或者不可完全替代，在一定时间或一定区域内供应不足或不稳定，影响公众健康和价格公平可及的药品。我国近几年相继出现过地高辛、鱼精蛋白、放线菌素D、盐酸小檗碱片、别嘌醇片、硝酸甘油片、麦角新碱、牛黄解毒丸等产品供应紧张甚至断货的现象。这些供应紧张甚至断货的药品通常是“老药”、低价药。

随着短缺药品供应保障体系逐步建立健全，药品短缺矛盾近两年也有所缓解，大范围、长期性的短缺情况有所减少，但暂时性、局部性短缺仍有发生。2019年以来，上海、山东、湖南、贵州等地相继出现别嘌醇、阿糖胞苷、氨甲蝶呤、硝酸甘油、维A酸等药品断货或供应不足的现象。2019 年 3 月，我国多地又报道硝酸甘油片的短缺现象，药店价格从 1 瓶 7 元左右，涨到超过 50 元。直到 2019 年 6 月，部分地区药店硝酸甘油片仍存在短缺现象。硝酸甘油片的短缺甚至引起了国务院的高度重视，李克强总理主持召开会议，叮嘱“要做好常用药、急救药保供稳价，绝不能断货，绝不能任性涨价”。

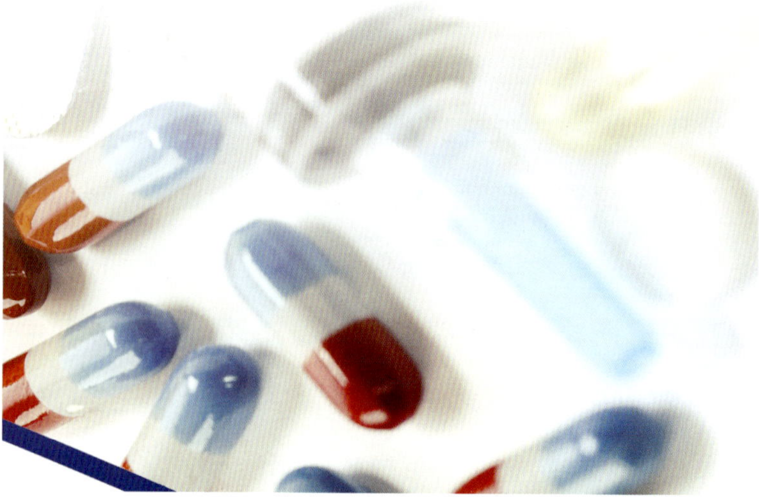

2. 低价药品短缺的主要原因分析

根据近几年对我国低价短缺药现象的观察分析发现，造成药品短缺的主要原因为原料供应短缺和价格机制失衡。

（1）原料供应方面：原料药生产企业因近年来受到环保压力增大、药品监管要求提高、人力成本上升等影响，原料药涨价时常发生。此外，原料药也是极容易形成垄断的行业。国家发展和改革委员会价格监督检查和反垄断局的信息显示，我国的成品药涉及大约 1500 种原料药，其中有 50 种原料药只有 1 家企业取得审批资格可以生产，有 44 种原料药的生产企业为 2 家，有 40 种原料药的生产企业为 3 家。一些原料药生产环节高度集中，尤其是低价短缺药，原料药分销的渠道容易被控制，企业通过垄断控销来达到牟利更多的目的。许多低价药制剂企业没有自建的原料药生产线，需购进原料药，由于低价药制剂中标价格基本维持在低水平不变，一旦原料药涨价就极容易造成制剂生产无法覆盖成本，发生药品短缺。

（2）价格机制方面：招标政策不合理，唯低价录取，企业利润空间不断受遏制甚至低于成本，只能选择废标、弃标。低价药挂网采购后，企业为了迎合招标方的低价需求和恶意排挤竞争对手，会将投标价压低到实际生产成本线附近，这无形增大了断供风险。加之企业断供并不会受到采购方较大的惩罚，使企业为了中标不惜铤而走险，将断供的风险转移给了采购方及广大用药人群。由于市场监管要求越来越高，企业研发、生产成本大幅提升，而长期的价格战使低价仿制药中标价格一降再降，导致企业即使勉强中标，后续供应也难以保障，价格管理体制的不完善使市场调节不充分或完全失灵。

3. 政策的实施将有效缓解低价药品短缺问题

党中央、国务院高度重视短缺药品供应保障工作。为缓解低价药品短缺的现状，中央政府及各相关部门从 2014 年起不断完善各项应对政策，使问题得到了切实的改善（表 16）。其中最为重要的是 2017 年 6 月国家卫生和计划生育委员会等九部门联合发布《关于改革完善短缺药品供应保障机制的实施意见》（以下简称《意见》）。《意见》按照“分级应对、分类管理、会商联动、保障供应”的原则，借鉴国际有益做法和经验，主要有 4 个方面体制机制创新，概括起来为“1 + 1 + 1 + 6”：“一个会商联动机制”，国家和省两级建立九部门会商联动工作机制，评估短缺药品供应保障能力，研究完善重大政策制度，统筹解决短缺问题；“一个清单”，建立国家、省两级短缺药品清单管理制度，开展清单内药品临床综合评价，实现动态管理；“一个平台”，建设全国短缺药品多源信息采集和供应业务协同应用平台，充分运用现代信息技术工具，逐步实现短缺药品信息监测全覆盖，根据短缺程度和范围，实现动态监测、精准及时应对；“六类精准措施”，区分不同情况，通过实施定点生产、协调应急生产和进口、加强供需对接和协商调剂、完善短缺药品储备、打击违法违规行为、健全罕见病用药政策。

表 16　2014 年以来我国低价药和短缺药相关政策

发布时间	政策措施
2014.04.01	关于印发做好常用低价药品供应保障工作意见的通知（国卫药政发〔2014〕14 号）
2014.05.28	关于做好常用低价药品采购管理工作的通知（国卫办药政发〔2014〕36 号）
2016.12.06	关于 2016 年临床必需、用量小、市场供应短缺药品定点生产试点有关事项的通知
2017.02.09	国务院办公厅关于进一步改革完善药品生产流通使用政策的若干意见
2017.05.19	四部门关于基本药物定点生产试点第一批部分品种延续试点的通知
2017.06.27	关于改革完善短缺药品供应保障机制的实施意见（国卫药政发〔2017〕37 号）
2018.01.19	四部门关于组织开展小品种药（短缺药）集中生产基地建设的通知
2018.02.07	关于组织开展小品种药（短缺药）集中生产基地建设的通知（工信部联消费〔2018〕21 号）

续表

发布时间	政策措施
2019.01.28	关于公布第一批小品种药（短缺药）集中生产基地建设单位名单的通知
2019.07.25	国家卫生健康委办公厅关于印发医疗机构短缺药品分类分级与替代使用技术指南的通知
2019.09.25	国务院办公厅关于进一步做好短缺药品保供稳价工作的意见（国办发〔2019〕47号）
2019.12.31	关于公布第二批小品种药（短缺药）集中生产基地建设单位名单的通知

目前，在“一个清单”“一个平台”、短缺药价格管理及定点和集中生产四个方面卓有成效。

◇“一个清单”——短缺药清单目录管理持续推进

短缺药是一个动态概念，短缺药清单目录也是一个动态的目录。国家层面虽未公布具体短缺药清单，但2019年6月20日，国家卫生健康委员会公示第一批鼓励仿制药品目录建议清单中 33 个药品都是临床必需、疗效确切、供应短缺的药品，如巯嘌呤、氨甲蝶呤片等。相比国家层面，各地方在短缺药目录清单制定和公布方面起到了主导作用，目前公布的短缺药目录基本以“省”为单位。自 2017 年以来，各省相继动态公布省级短缺药目录（表 17）。已基本建立起国家、省两级短缺药品清单管理制度，并实现了动态管理。

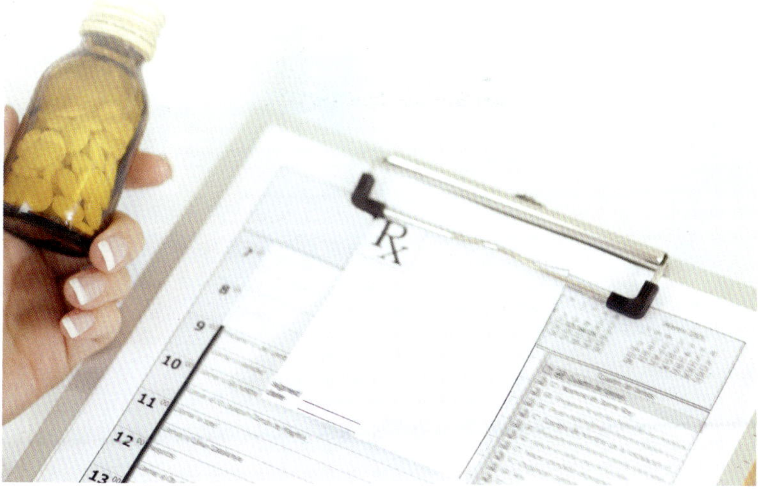

表 17　2017—2019 年代表性省份短缺药目录公布情况

时间	短缺药目录公布情况
2017.05	广东省药品交易中心发布短缺药目录，共计 1004 种。其中，包括急（抢）救用药 61 种，临床必需但采购困难的药品 32 种，廉价药 335 种，其他基药品种 283 种
2018.01	宁夏根据 2017 年度宁夏回族自治区短缺药品监测系统短缺药品监测数据，在综合分析疾病谱、重点人群临床用药需求、突发事件应急保障需求等情况的基础上，经组织专家组审核，制形成了以基本药物和急（抢）救药品为主的 2018 年第一批《短缺药品清单》。公布共计包括心血管系统用药等 15 个类别的 49 个品规的药品，其中国家基本药物 44 个品规、非基本药物 5 个品规
2018.03	黑龙江公布第一批短缺药目录，到 2018 年 10 月已公布三批短缺药目录，其中第三批合计公布 200 个药品
2019.02	湖南省卫生健康委员会发布了《关于做好医疗机构临床短缺药品供应保障有关工作的通知》，42 个品规被列入了《湖南省 2018 年医疗机构短缺药品清单》。24 种药品暂无替代，其中 6 种已恢复正常，1 种基本正常。另外，18 种断货或供应不足药品有可替代药品

◇“一个平台”——短缺药监测系统逐步建立完善

国家层面对短缺药品监测预警体系的构建做了总体部署。2017 年 6 月，国家卫生和计划生育委员会等九部门发布的《关于改革完善短缺药品供应保障机制的实施意见》在重点任务措施中提出，各省市在不少于 15 家医疗机构监测哨点的基础上，依托国家和省级各平台单位，逐步扩大监测范围，并联通药品全产业链环节，逐步实现短缺药品信息监测全覆盖；在强化综合监测预警方面，提出实行短缺药品监测信息每月零报告制度，建立国家、省、地市、县四级监测网络体系和预警机制，并建设基于大数据应用的短缺药品监测预警信息系统。

为了更好地从源头研判药品短缺风险，工信部已经在着手建设国家层面的短缺药品生产供应监测预警信息平台，构建信息收集、汇总分析、部门协调、分级应对、行业引导“五位一体”的工作格局，以实现药品供应保障综合管理和短缺监测预警信息资源的共享共用。

2019 年 7 月，国家卫生健康委员会发布《国家卫生健康委办公厅关于印发医疗机构短缺药品分类分级与替代使用技术指南的通知》。要求各级医疗机构参照《医疗机构短缺药品分类分级与替代使用技术指南》，制订院内短缺药品管理规范，科学评估、合理选择替代药品，保障临床药品供应。

2019 年 9 月，国务院办公厅发布《关于进一步做好短缺药品保供稳价工作的意见》。通过明确相关政策措施，以期解决短缺药品供应保障中仍面临的供应和价格监测不够及时灵敏，药品采购、使用、储备及价格监管等政策有待完善，违法操纵市场抬高价格现象在一些地方仍较突出等问题。

目前我国各地区在短缺药监测方面也开始付诸

行动。以江西、贵州、山东和广东四省为例，各省都在通过不同方式积极建立省内的短缺药监测系统（表18），与全国系统进行对接。

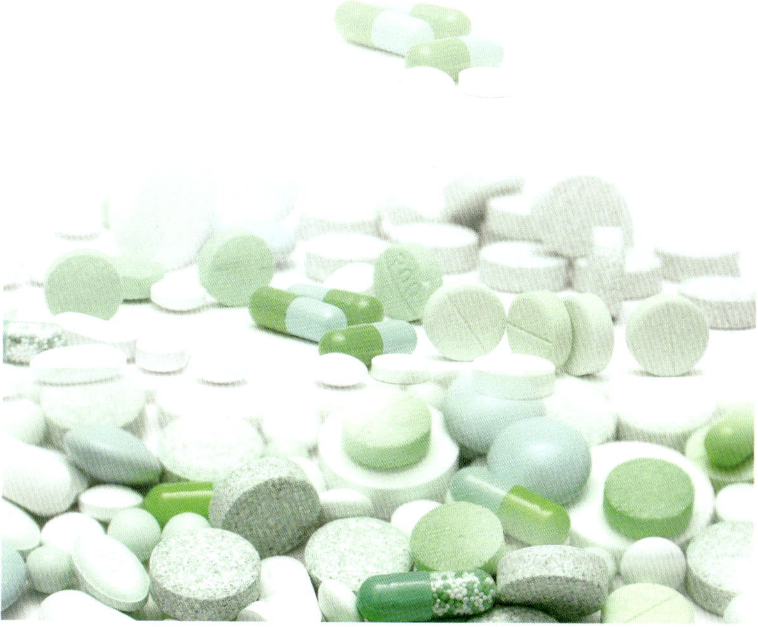

表 18　2019 年以来我国代表性省份短缺药监测措施

省份	主要措施	具体途径
江西	将监测范围品种的生产及配送企业纳入短缺药监测系统	药品生产企业重点报告由于原料垄断和短缺、生产线改造搬迁、制剂价格或其他原因导致的药品减产、停产的品种；药品配送企业重点报告不能供应、供应量不足、供应不及时及难以满足医疗机构临床需求的品种
贵州	短缺药信息直报系统全覆盖	公立医疗机构使用全国短缺药品信息直报系统全覆盖，建立起省、市、县、乡四级短缺药品监测预警，以及省、市、县三级应对处置体系，2019 年 4 月使用系统的公立医疗机构数已达 1848 家
山东	计划 2020 年建成短缺药品监测预警系统	启动公立医院药品使用监测体系建设，力争实现五省市药品、医用耗材采购信息共享
广东	实行短缺药品监测预警，强化常态化市场监管	定期发布短缺药品清单并实行动态调整，建立对价格异常药品及原料药生产流通企业的监测预警机制，必要时开展成本价格专项调查

◇短缺药价格管理改革实现突破

现有低价药品日均费用标准根据国家发展和改革委员会《关于改进低价药品价格管理有关问题的通知》确定，是国家改革药品价格机制、取消政府定价管理前，为鼓励低价药品生产、经营和使用采取的阶段性措施。随着药品价格改革向纵深推进，以设定最高日均费用上限为主要内容的低价药政策已不符合药品价格改革方向，也与主要由市场竞争形成价格的改革目标相悖。

2019 年 12 月 4 日，国家医保局在答复《政协第十三届全国委员会第二次会议第 0177 号提案》的回复函中，明确今后将取消现有低价药日均费用上限、尽快建立短缺药品使用监测和预警平台、加强临床必需用药定点订单生产、形成低价药品价格监管合力。

2019 年 12 月 6 日，国家医疗保障局发布《关于做好当前药品价格管理工作的意见》的通知，其中明确提出，对于国家和省级短缺药品供应保障工作会商联动机制办公室短缺药品清单所列品种，允许经营者自主报价、直接挂网，医疗机构按挂网价格采购或与经营者进一步谈判议价采购。

然而对于取消最高日均费用上限是否能有效促进低价短缺药价格回归市场，促进低价短缺药的发展，还有待于进一步评估，不断提出更合理的价格管理办法和意见。

◇短缺药“定点 + 集中”生产加快落实

2012 年至 2017 年期间，国家“定点生产”是解决药品短缺的主要方式。2015 年 4 月及 2016 年 12 月，国家卫生和计划生育委员会等四部门先后发布《关于基本药物定点生产试点有关事项的通知》和《关于 2016 年临床必需、用量小、市场供应短缺药品定点生产试点有关事项的通知》，分两批次共对 7 种临床必需、用量小、易发生供应短缺药品进行了定点生产，确定了生产企业、供应价格和配送区域，在保障药品供应、稳定药品价格等方面，发挥了很好的作用（表 19）。

表 19　七个定点生产品种中标情况

序号	产品	规格	中标企业	公告年份
1	去乙酰毛花苷注射液	2ml：0.4mg	上海旭东海普药业、成都倍特药业	2015
2	盐酸洛贝林注射液	1ml：3mg	上海禾丰制药、华润双鹤药业	2015
3	盐酸多巴酚丁胺注射液	2ml：20mg	上海第一生化药业、浙江瑞新药业	2015
4	甲巯咪唑片	5mg	北京市燕京药业	2015
5	地高辛口服溶液	30ml：1.5mg/瓶	北京华润高科天然药物有限公司	2016
6	复方磺胺甲噁唑注射液	2ml：磺胺甲噁唑 0.4g，甲氧苄啶 80mg*10 支 / 盒	山东方明药业集团股份有限公司、山东新华制药股份有限公司	2016
7	注射用对氨基水杨酸钠	2.0g/ 支	哈药集团制药总厂、山西振东泰盛制药有限公司	2016

然而，“定点生产”方式在实际操作中存在明显不足。定点生产的产品采用直接挂网采购，定价统一，但无量的需求，且审批产品速度比较慢，生产企业积极性不高。为进一步发挥市场机制的重要作用，体现小品种药集中生产的规模效应优势，增强企业生产积极性，国家卫生健康委员会等部门于 2018 年初发布《四部门关于组织开展小品种药（短缺药）集中生产基地建设的通知》（以下简称《通知》），共同组织开展了小品种药集中生产基地建设工作。“定点生产”模式调整为“定点 + 集中”生产模式。

《通知》中对企业认定为集中生产基地的条件更为严格，如企业应是医药工业百强企业，拥有 20 种以上小品种药生产文号和原料药配套生产能力等。认定程序也更为复杂，需先向省级工信主管部门提出申请，经由省级多个相关部门会商后再向工信部推荐申报。保障责任也更加明确，工信部将与企业签订小品种药集中生产基地建设工作责任书，明确集中生产基地的建设周期、责任目标、保障品种及所承担的药品稳定生产供应的责任义务。《通知》也对集中生产基地的提供政策支持，如支持企业加强集中生产基地建设，优先审评审批小品种药，实施小品种药集中采购和加强小品种药供需信息对接等。

2019 年 1 月和 12 月，工信部等四部门联合发布通知，先后公布了两批小品种药（短缺药）集中生产基地建设单位名单（表 20）。

表 20　六个小品种药（短缺药）集中生产基地建设单位

序号	小品种（短缺药）集中生产基地建设单位	批次
1	上海医药集团股份有限公司牵头组建的联合体，由上药信谊药厂有限公司联合 23 家企业组织实施	第一批
2	中国医药集团有限公司牵头组建的联合体，由上海现代制药股份有限公司、中国生物技术股份有限公司组织实施	第一批
3	成都倍特药业有限公司牵头组建的联合体，由成都倍特药业有限公司联合重庆药友制药有限责任公司等 9 家企业组织实施	第一批
4	远大医药（中国）有限公司和广州医药集团有限公司牵头组建的联合体	第二批
5	东北制药集团股份有限公司牵头组建的联合体	第二批
6	华北制药集团有限责任公司和石药控股集团有限公司牵头组建的联合体	第二批

◇打击原料药垄断

中央及各地政府相关部门近年来也通过严厉打击非法原料药垄断来净化市场。2015 年 10 月，重庆工商局对重庆青阳别嘌醇原料药市场垄断行为处以 43.93 万元的罚款。2016 年 1 月，国家发展和改革委员会通报重庆青阳及其经销商重庆大同、江苏世贸天阶、上海信谊联合及其经销商商丘华杰 5 家企业达成并实施价格垄断协议，合计罚款 399.54 万元。2018 年 12 月 30 日，国家市场监督管理总局对涉及滥用市场支配地位违法行为的氯苯那敏原料药供应企业河南九势制药股份有限公司和湖南尔康医药经营有限公司做出行政处罚决定，对两家涉案企业共计罚没 1243.14 万元。这些举措为打击原料药垄断现象指明了方向，但由于原料药品种多，情况复杂，原料药垄断现象目前仍然时有发生，很难在短期内彻底解决问题。

4. 药品短缺如何更好地防患于未然

随着国家保障短缺药供应相关政策的落地实施，我国低价短缺药品供应保障不断加强，已经取得了积极成效。但仍面临药品供应和价格监测不够及时灵敏，药品采购、使用、储备以及价格监管等政策有待完善，违法操纵市场抬高价格现象在一些地方仍较突出，部分已出台措施尚需落实等问题。药品短缺现象是一个世界性难题，也是一个不断动态变化的问题，还需要根据情况变化，不断探索新的解决方案，并持之以恒，才能解决好药品短缺问题。

◇确保现有相关措施落实到位

《国务院办公厅关于进一步做好短缺药品保供稳价工作的意见》（以下简称《意见》）对解决我国药品短

缺问题提出了很多针对性的具体措施，但《意见》的贯彻落实还存在较大的差距。例如《意见》明确要求有关部门在 2019 年 12 月底前实施国家短缺药品清单管理制度，制定国家和省级临床必需易短缺药品重点监测清单和短缺药品清单并动态调整，但截至 2020 年 2 月，相关具体制度和清单仍未出台，许多具体的激励措施依然有待明确，《意见》的落地实施依然任重道远。

◇药品供应保障机制仍需进一步完善

在药品短缺监测预警体系建设方面，我国起步较晚，政策实施时间较短，经验不足，在实施过程中存在一些问题。在监测预警平台建设方面，各省的短缺药品监测预警平台依托省级药品集中采购平台，而监测预警平台工作的牵头部门归为国家卫生健康委员会，可能导致职权责任划分不明确。在短缺信息收集方面，主要依靠医疗机构上报，导致信息上报存在一定的滞后性，且由于各医疗机构上报者对“药品短缺”的定义理解不同，对上报真实性的核查增加了信息处理部门识别的难度。在短缺信息公开方面，国家对于监测点的短缺问题向上级卫生部门汇报后信息公开无统一规定，仅有部分省份发布短缺清单，导致生产流通企业无法及时掌控药品短缺现状并调整产能。

除了短缺药监测预警体系，对短缺情况进行快速反应的体系建设也十分重要，尤其是急救药品储备和应急协调生产体系的完善。只有更为健全的药品供应保障体制才能及时应对临床短缺情况，保障相关短缺药品供应，确保临床用药的可及性。

◇充分发挥市场在资源配置中的作用

在打击药品价格违法违规行为的同时，需提高对短缺药价格波动的容忍度，充分调动企业研发生产短缺药的市场积极性。虽然当前国家通过“定点 + 集中”

生产的方式解决了一部分短缺药的供应问题，但这种模式并不适用于所有短缺药品。政府需要根据短缺品种的具体特点灵活选择解决方式，采取政策和市场相结合的解决方式。

◇防止“带量采购”造成新的“低价短缺”

当前，全国范围的带量采购品种降价效应明显。带量采购价格的大幅下降令业界担忧其供应能否得到保障，是否会造成新的“低价短缺”问题。

带量采购的操作机制已尽可能地考虑并试图避免短缺风险。因为在招采中，政府会对投标企业的资质进行审查，对其生产水平、产能供应及原料药把控等都会做综合评估，尽量避免中标后企业供应不上或质量降低等问题产生。再者，随着带量采购的机制不断完善，已由独家中标改为多家同时中标的模式，尽量避免供应保障的风险。

但是，对“低价中标”的药品可能产生短缺的担忧也不无道理。全国性的带量采购在我国是一个新的尝试，国内市场供需变化规律复杂，未来带量采购品种成本的不可控因素增多，供应保障仍存在一定风险。政府对于带量采购品种也需要及时做好短缺监测，加强短缺应对能力，防患于未然。

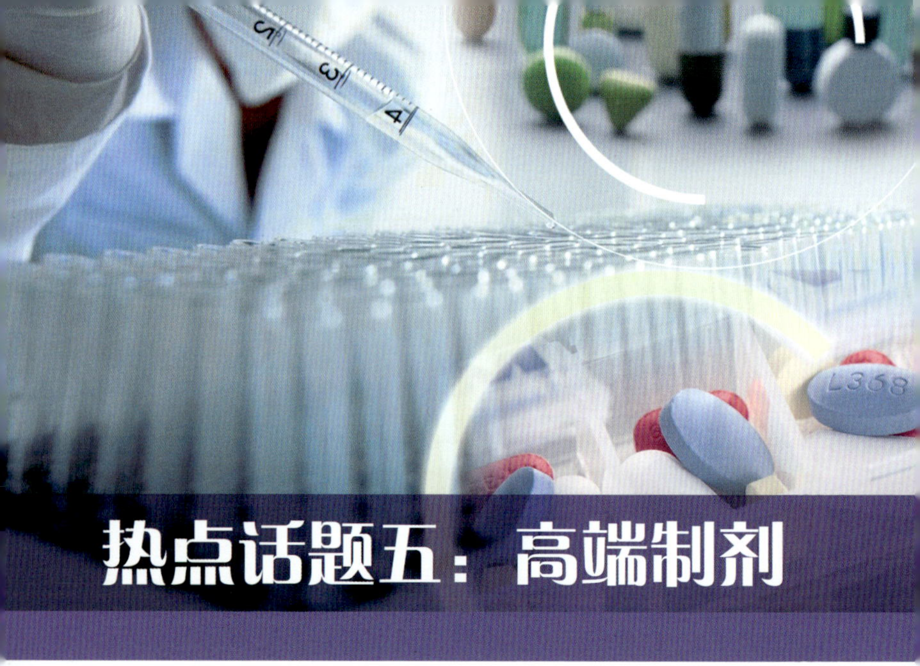

热点话题五：高端制剂

1. 高端制剂的内涵

高端制剂是我国对复杂药物递送系统的一种统称，一般指对临床治疗具有明显提升作用，在使用现有辅料和/或药包材的基础上制备的设计优良、生产技术先进、质量可控、稳定性好、依从性良好、药物经济学价值较高的制剂。高端制剂本质是一套复杂的药物递送系统，往往采用高端的制剂技术实现药物的递送，起到增强疗效和 / 或降低不良反应的作用。常见的高端制剂技术包括缓控释制剂技术、透皮制剂技术、干粉吸入制剂技术等（表 21）。

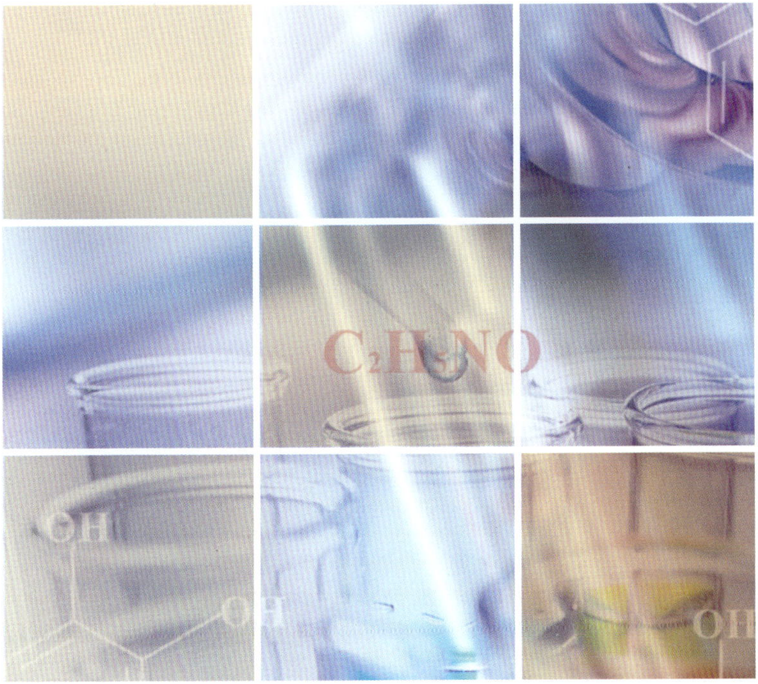

表 21　常见高端制剂技术

技术名称	说明
缓控释制剂技术	①口服缓控释制剂技术：包括每日 1 次给药的控释制剂、复方缓控释制剂、脉冲定时给药、结肠靶向给药等；②长效注射剂技术：具有缓控释作用的注射剂，包括生物可降解的长效注射微球等
透皮制剂技术	包括长效化和复方制剂贴剂，骨架控释型、微储库控释型等新型透皮贴剂
干粉吸入制剂技术	微粉化药物单独或与载体混合后，经特殊给药装置，通过患者主动吸入，进入呼吸道发挥局部或全身作用的给药系统
新型皮下给药技术	①无针注射给药技术，利用机械装置产生瞬间压力推动药液形成高压射流，穿过皮肤直接弥散到皮下组织的给药体系；②微针经皮给药技术：通过物理促渗透技术，对皮肤进行无痛致孔处理，利用在皮肤角质层产生的微小孔道来显著增加药物的吸收
纳米晶制剂技术	将药物颗粒制备成粒径为 1～1000nm 的晶体，通过稳定剂组成稳定分散体系，从而有效提高难溶性药物的溶解度和溶出速度
智能给药技术	根据体内指标检测情况自动调整给药剂量、给药时间的技术，由智能材料和药物共同构成，集传感、处理及执行功能于一体，如胰岛素自动给药装置

在国外，高端制剂对应的概念为复杂制剂。FDA 对复杂制剂按审批途径分 505b（2）改良型新药和复杂仿制药[①] 两大类。复杂制剂的分类见表 22。

表 22 FDA 复杂制剂分类

分类标准	具体类别
按成分分类	①多肽、聚合物药物等复杂活性成分制剂
	②脂质体、胶体等复杂配方制剂
	③局部作用制剂、复杂的眼用和耳用混悬剂、乳剂、凝胶等复杂给药途径制剂
	④植入剂、经皮给药制剂、吸入气雾剂、缓释注射剂等复杂剂型
	⑤自动注射器 / 笔等复杂组合产品
	⑥其他如注册审批途径复杂或不明确的产品
按给药途径分类	口服调试制剂、经皮给药制剂、新兴注射制剂、植入剂、黏膜给药制剂、吸入给药制剂、大分子多肽药物制剂、组合制剂等

① 复杂仿制药：Complex generic drugs。

在我国，高端制剂主要包括化学药品注册分类中的2.2类改良型新药和“高端制剂”仿制药两大类，其中以“高端制剂”仿制药为主。高端制剂的具体分类也与FDA分类基本相同。

相较于“普通制剂”，“高端制剂”具有技术含量更高，技术难度与药物本身的性质、辅料、工艺等密切相关的特点，是一个特殊的药品领域。因其研发过程复杂、产品重现率低、质量难以保证等，具有极高的进入门槛，仿制难度远高于一般仿制药。但与创新药相比，“高端制剂”仿制药研发周期短、投资少、成功率高，成为近年来制药企业进军的新大陆。

2. 我国高端制剂的发展现状

◇基础研究活跃，但产业化研究和技术成果转化乏力

高端制剂的发展依赖于药剂学、材料学等相关科学技术的研究和成果转化。随着药学领域人才队伍的壮大，我国药物制剂基础研究获得了长足的发展，研究热度持续。2004 年起，国家自然科学基金项目中药剂学申请项目始终占据药物学研究首位，立项数稳步增长。我国高端制剂研究涉及领域也十分广泛，涵盖了靶向递药与物理药学、智能释药、仿生制剂、智能凝胶、智能制造等多个领域。细分领域内，交叉学科的交融给予了高端制剂理论研究强大的动力。高分子化学、纳米科学、仿生学、物理学和病理学为体外体内响应释药提供新策略；分析化学、生物技术、动物

学为高端制剂提供新方法、新模型支撑；人工智能加快制剂升级速度。

与此同时，药学领域国际权威期刊中，中国学者发表的药剂学、材料学相关文章体量相当可观，已形成有力的国际话语权。中国作者在国际上重要的药剂学和材料学期刊上发布论文的占比很高（表 23），远超同期的其他国家。

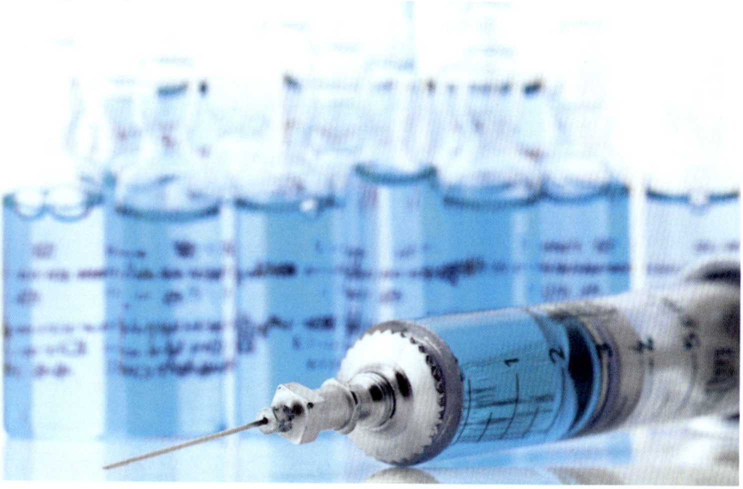

表 23　近年来我国学者在国际药剂学和材料学权威期刊上发表研究论文占比

主要发表期刊	影响因子	我国学者发表研究论文占比
Journal of Controlled Release	7.10	20% 以上（2018、2019）
International Journal of Pharmaceuticals	4.21	约 15%（近几年）
Biomaterials	13.01	约 40%（2018）
Advanced Functional Materials	7.50	约 60%（2018）
Advanced Materials	5.40	约 60%（2018）

尽管我国药物制剂理论研究成果丰硕，但理论与实际结合、产业化研究欠缺，严重影响成果转化，成为制约高端制剂发展的重要因素。主要原因一是我国高端制剂行业发展尚不健全，新型制剂技术、新型给药装置、新型药品包装材料、产业化关键装备、工业化生产技术体系、体内外评价技术等各类系统发展不

协调，药剂学研究成果的转化缺乏完善的配套条件；二是许多制剂领域的研究成果未能引起产业界的足够关注和重视，应用转化研究也就相应缺乏企业资金支持，成果转化动力严重缺乏；三是配套政策不够完善，例如针对高端仿制制剂的注册申报未得到充分的政策指导等。

◇仿制为主，长期处于“跟跑”状态

相比原料药，制剂一直是我国药物发展的短板。我国的药品出口大多停留在高能耗、低附加值的原料药或低水平仿制且主要销往东南亚和非洲地区。在高端制剂方面，我国在以欧美市场为代表的国际市场中占有率几乎为零，尤其是近年来热门的脂质体靶向注射剂领域，在我国还基本处于“跟跑”状态，无论是技术、产能、还是市场规模，均与国际先进水平有显著差距。从近二十几年来我国与美国上市的主要脂质体产品对比来看，除紫杉醇脂质体情况较特殊外，其余产品我国或仍处于暂无上市状态，或上市时间比美国晚 10 年左右（表 24）。

表 24　主要脂质体靶向注射剂中美上市情况对比

产品	美国最早上市时间	中国国产最早上市时间
多柔比星脂质体	1995 年	2008 年
柔红霉素脂质体	1996 年	暂无上市
两性霉素 B 脂质体	1997 年	2003 年
紫杉醇脂质体	暂无上市（2005 年上市白蛋白结合型紫杉醇，疗效优于脂质体）	2003 年（2018 年上市白蛋白结合型紫杉醇）
吗啡脂质体	2004 年	暂无上市
布比卡因脂质体	2011 年	暂无上市
阿米卡星脂质体	2018 年	暂无上市

◇部分高端固体口服仿制药已走向国际

令人鼓舞的是，在一些技术含量相对较低的高端制剂领域，如固体口服缓控释制剂及肠溶制剂，我国已有一批成功仿制的高端制剂走向了国际。以 2017—2019 年我国制药企业获得 FDA 批准的已知剂型的 194 个 ANDA 批准文号的仿制药品为例（表 25），其中缓（控）释片（胶囊）及肠溶制剂等高端口服剂型达 33 个，占比达到了 17%，说明我国在部分固体口服高端制剂仿制药领域已基本获得国际认可。

表 25　2017—2019 年我国在美获批上市的高端制剂仿制药代表

药品名称	厂家
盐酸二甲双胍缓释片、盐酸度洛西汀肠溶胶囊、格列吡嗪控释片、硝苯地平控释片及卡马西平控释片	百洋制药
盐酸安非他酮缓释片、氯化钾缓释片、盐酸二甲双胍缓释片	宜昌人福医药
非洛地平缓释片	以岭药业
盐酸普罗帕酮缓释胶囊（国内处于申请上市阶段）、安非他酮缓释片	上海宣泰医药科技
富马酸喹硫平缓释片	南通联亚
盐酸可乐定缓释片	力品药业
盐酸安非他酮缓释片	上海安必生制药
盐酸度洛西汀肠溶微丸胶囊	华海药业

◇关键辅料发展相对滞后

关键辅料的质量直接影响高端制剂的安全性、有效性和稳定性。我国药物制剂研发向来“重原料、轻辅料”。相关统计显示，我国药用辅料在整个制剂产值中占比仅为3%~5%，显著低于国际上10%~20%的水平。关键辅料的质量成为制约我国高端制剂发展的瓶颈。

《中华人民共和国药典》(以下简称《中国药典》)是我国药用辅料研发、生产应遵循的法定技术标准，是我国药用辅料行业规范化、标准化发展的重要法典。目前，我国正在使用的药用辅料数量为540余种，《中国药典》收纳的辅料标准已从2010年版的132种增加到2015版的270种。美国和欧洲正在使用的药用辅料品种数量分别约为1500种和3000种，其药典收录的药用辅料标准分别约为750种和1500种，品种数量和标准量远远高于我国。此外，很多新型药用辅料在国外已广泛应用，但在我国尚无生产。由此可见，无论在品种数还是规格型号上，我国药用辅料标准都有很大的拓展空间。

我国关键辅料进口依赖现象突出，尚未形成“原料药－辅料－制剂”的完整产业链条。中国医药工业信息中心针对“4＋7”带量采购的25个品种进行的生产监测分析显示，其中17个品种的原料药为国产，8个为外购，进口依赖度为32%；关键性辅料20个，其中完全使用进口辅料的多达15个，进口依赖度高达75%。当前我国高端制剂的关键辅料主要由陶氏杜邦、巴斯夫、瓦克化学、亚什兰、阿科玛、赢创等欧美大制药集团垄断。国内药用辅料受资金、技术等限制，质量层次低，工艺技术简单，对工艺复杂、技术要求高、质量要求高的新型和复杂药用辅料供应不足，较国外存在较大差距。此外，我国药用辅料生产企业小而散，湖南尔康制药、山河药辅、黄山胶囊、红日制药四家龙头企业市场份额不足5%。

◇不同类型高端制剂面临的发展困境

高端制剂涵盖的品种范围广，不同类型的高端制剂面临的困难和挑战也不尽相同，但一个共同特点为缺乏关键辅料或装置设备。技术方面，口服缓控释技术相对成熟，但整体上仍与原研药的质量存在一定差距。给药方式方面，除口服调试制剂国内上市产品较多且有部分出口外，其余类型高端制剂国产上市产品都较少，基本处于被进口垄断的状态中（表26）。

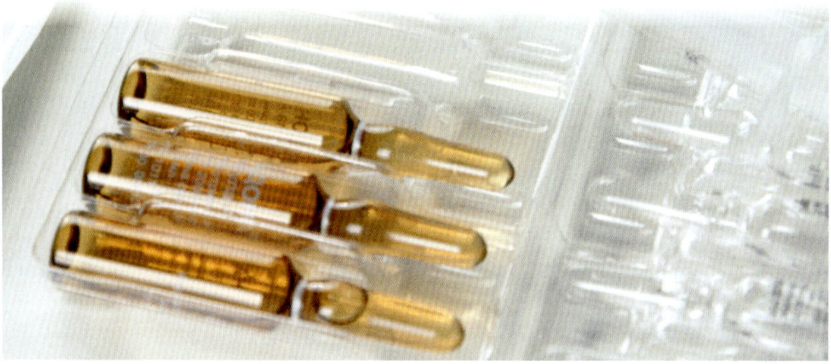

表 26　我国各类主要高端制剂开发与应用的具体问题

类型	问题
新型注射剂/植入剂	关键辅料和装备缺乏，上市产品较少
经皮给药制剂	关键辅料压敏胶缺乏，上市产品较少
口服调试制剂	缓控释技术相对成熟，但关键辅料缺乏或依赖进口；批准上市产品数量较多，但部分产品质量尚未达到原研药水平，临床使用率低
吸入给药制剂	吸入给药装置缺乏，国内市场主要被进口产品垄断
黏膜给药制剂	缺少高效低毒的吸入促进剂，上市产品很少

3. 政策导向将促进关键辅料和高端制剂发展

◇关键辅料受重视程度加大

国家对药用辅料行业的重视程度在逐步提高。2012年国务院印发的《生物产业发展规划》，明确了药用辅料在药品发展领域的关键基础性作用；2016年工信部发布的《医药工业发展规划指南》，强调要支持新型药用辅料的开发和应用。药用辅料行业的监管体系也日渐规范。2015年版《中国药典》首次将通则、药用辅料单独成册，并增加了《药用辅料功能性指标研究指导原则》，助推药用辅料行业规范发展；2016年，国家药品监管部门出台《关于药包材药用辅料与药品关联审评审批有关事项的公告》，将药用辅料由单独审批改为在审批药品注册申请时一并审评审批，这标志着药用辅料的管理从批文时代进入文档管理时代，与国际药用辅料管理制度接轨（表27）。

表 27　近年来我国药用辅料的相关政策

角度	年份	文件及内容
发展规划	2012	《生物产业发展规划》明确药用辅料在药品发展领域关键基础性作用
	2016	《医药工业发展规划》支持新兴药用辅料开发应用
监管体系	2012	《新药用辅料非临床安全性评价指导原则》为药用辅料作用药品或生物制品组分使用需要提供安全性数据提供指南
	2015	《中国药典》中附加《药用辅料功能性指标指导原则》
	2016	《关于发布药包材药用辅料申报资料要求（试行）的通告》
	2017	《药包材药用辅料与药品关联审评审批有关事项的公告》发布，建立原料药、药用辅料和药包材登记平台与数据库，实行关联审评审批，药用辅料进入文档管理时代
	2018	关于公开征求《药用辅料登记资料要求（征求意见稿）》和《药包材登记资料要求（征求意见稿）》意见的通知

◇一致性评价“倒逼”关键辅料产业发展

值得注意的是，一致性评价要求仿制药与原研药的质量和疗效一致，其中辅料的质量至关重要。药用辅料是保证药物以一定的程序选择性运送到特定组织部位、控制药物的释放速度，是直接影响体外溶出曲线和体内生物等效性的重要因素。仿制药一致性评价的推进，促使药品生产企业提升药用辅料的质量要求，由成本优先转向追求高质量、高稳定性，即企业在选择辅料时更加关注辅料生产是否规范、质量是否稳定、各项指标是否达标等。因此，参比制剂使用的辅料成为仿制药企业的首选。随着通过一致性评价的药品数量增加，以及各品种销量的增加，国内药用辅料行业也将加速从低端大宗辅料向精细化高端辅料的转型升级。

◇高端制剂仿制药注册申报指导加强

2019 年 10 月，国家药监局公开征求《化学药品注射剂仿制药质量和疗效一致性评价技术要求（征求意见稿）》（以下简称《技术要求》）及《已上市化学药品注射剂仿制药质量和疗效一致性评价申报资料要求（征求意见稿）》意见。《技术要求》对参比制剂、处方工艺技术、原辅包质量控制技术、质量研究与控制技术、稳定性研究技术、特殊注射剂一致性评价、改规格注射剂、药品说明书、药品标准、无须开展一致性评价的品种等多个方面明确了相关要求。《技术要求》加快了注射剂仿制药一致性评价的进程，推动了国内化学仿制药的立项从“仿标准”到“仿品种”升级，建立和健全注射剂仿制研发的风险质控体系，将全面提升我国注射剂仿制药的质量水平。

《技术要求》涉及的特殊注射剂涵盖高端制剂，对于特殊注射剂专门提到其一致性评价满足一般注射剂技术要求外，还需根据特殊注射剂的特点，参照 FDA、EMA 发布的特殊制剂相关技术要求，科学设计试验。建议关注处方工艺、质量研究和 BE/ 临床试验。

4. 特殊注射剂的发展现状与仿制要点

特殊注射剂在国外被称为复杂注射剂。与普通注射剂相比，其质量与活性成分体内行为受处方和工艺影响较大，可能进一步影响制剂在体内的安全性和有效性。特殊注射剂往往属于高端制剂，仿制难度大。

常见的特殊注射剂包括脂质体、微球、微囊、纳米乳等剂型。在《中国药典》2015 年版中，特殊注射剂被明确规定为一类微粒给药系统，主要分为微粒制剂和纳米分散体系，两者的定义及分类见表 28。

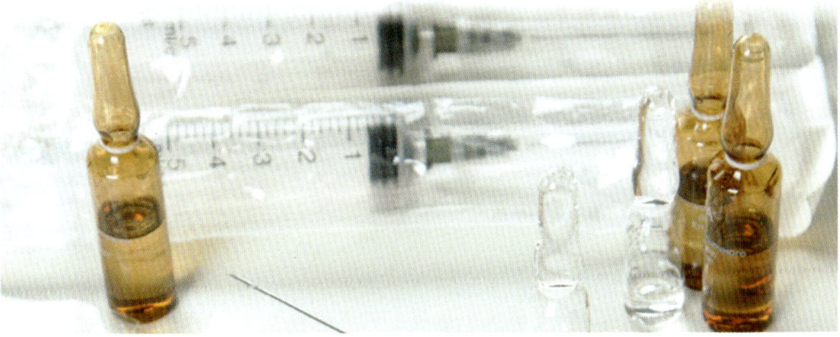

表 28 《中国药典》2015 年版对特殊注射剂的分类

微粒给药系统类别	粒径	主要包含类别
微粒制剂	1 ~ 500μm	微囊、微球、亚微乳
纳米分散系	＜ 1000nm	脂质体、纳米乳、纳米粒、聚合物胶束

目前特殊注射剂中多数为靶向制剂。全球已上市的主要复杂制剂靶向药主要载体为脂质体和胶束（表 29），治疗领域主要为抗感染和抗肿瘤。

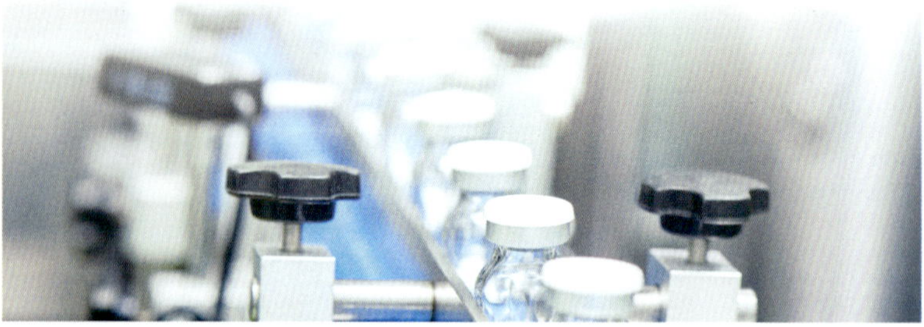

表 29　1995—2018 年全球已上市的主要复杂制剂靶向药（不含国产企业）

商品名	有效成分及载体	批准国	厂家	上市时间
Doxil	PEG 化阿霉素脂质体	多国	JANSSEN	1995
DaunoXome	柔红霉素脂质体	多国	GALEN	1996
Abraxane	白蛋白结合型紫杉醇	多国	美国 Celgene 公司	2005
Genexol-PM	紫杉醇 PEG-PLA 胶束	韩国	韩国 Samyang 株式会社	2006
Nanoxel-M	多西他赛 PEG-PLA 胶束	韩国	韩国 Samyang 株式会社	2006
Nanoxel	紫杉醇 NIPAM-VP 胶束	印度	印度 Dabur Pharma 公司	2008
Mepact	米伐木肽脂质体	欧洲	美国 IDM Pharma	2009
Marqibo	长春新碱脂质体	美国	美国 BMS 公司	2012

续表

商品名	有效成分及载体	批准国	厂家	上市时间
PICN	紫杉醇（纳米分散）	印度	印度 Sun 制药公司	2014
Paclical	紫杉醇 XR-17 胶束	俄罗斯	瑞典 Oasmia 公司	2015
Onivyde	伊利替康脂质体	美国	美国 Ipsen 公司	2015
Doxophos	阿霉素 XR-17 胶束	俄罗斯	瑞典 Oasmia 公司	2016
Vyxeos	阿糖胞苷 / 柔红霉素脂质体	美国	美国 Celator 公司	2017

全球主要在研的高端制剂靶向药也是脂质体居多，也包含纳米粒。其靶向的抗原靶点以常见的癌变基因居多，如 TfR、EGFR、ErbB2 等（表 30）。

表 30　全球主要复杂制剂靶向药临床研究现状

有效成分及载体形式	厂家	研究阶段	研究时间
ACUPA 修饰多西紫杉醇 PEG-PLA/PEG-PLGA 聚合物纳米粒（BIND-014）	美国 BIND Therapeutics 公司	Ⅲ期（完成）	2013.3—2016.4
谷胱甘肽修饰阿霉素脂质体（2B3-101）	荷兰 to-BBB Technologies 公司	Ⅱ期（完成）	2011.6—2015.1
抗 EGFR 抗体片段修饰阿霉素脂质体	瑞士临床癌症研究集团	Ⅱ期	2016.10—
抗 TfR 抗体片段修饰 p53c DNA 脂质体（SGT-53）	印度 SynerGene Therapeutics 公司	Ⅱ期	2014.12—
抗 ErbB2（HER2）抗体片段修饰阿霉素脂质体（MM-302）	美国 Merrimack Pharmaceuticals 公司	Ⅱ期（中止）	2011.2—
抗 TfR 抗体片段修饰 RB94 质粒脂质体（SGT-94）	印度 SynerGene Therapeutics 公司	Ⅰ期（完成）	2012.1—2017.4

续表

有效成分及载体形式	厂家	研究阶段	研究时间
抗体片段修饰的载黑色素瘤抗原脂质体（Lipovarix-MM）	澳大利亚 Lipotek 公司	Ⅰ期（完成）	2010.1—2012.4
转铁蛋白修饰 siRNA 环糊精聚合物纳米粒（CLAA-01）	美国 Calando Pharmaceuticals 公司	Ⅰ期（中止）	2008.5—2013.10

目前为止，我国已上市的国产高端制剂靶向药均为注射剂，且都是仿制药，尚无 1 类新药（表 31）。

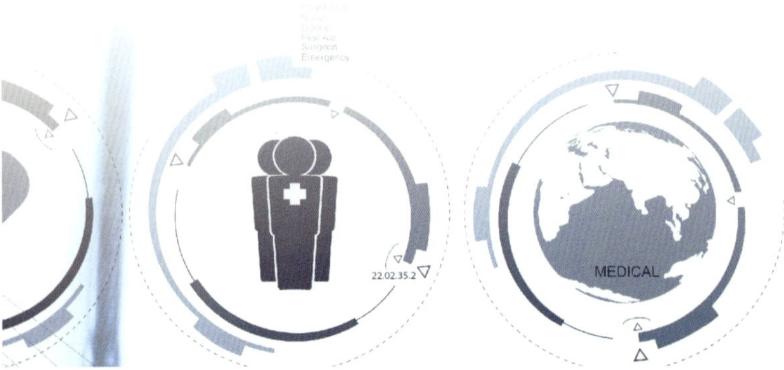

表 31　目前我国已上市的主要高端制剂靶向药

商品名	有效成分及载体	规格	厂家	上市时间[①]
力扑素	紫杉醇脂质体	30mg	南京绿叶	2003
锋克松	两性霉素 B 脂质体	10mg	上海上药新亚	2003
里葆多	PEG 化盐酸多柔比星脂质体	10ml：20mg 5ml：10mg	上海复旦张江	2008
贝依	醋酸亮丙瑞林微球	3.75mg	上海丽珠	2009
伯恩诺康	醋酸亮丙瑞林缓释微球	3.75mg	北京博恩特	2009
/	用前列地尔干乳剂	5μg 10μg	重庆药友	2010
多美素	PEG 化盐酸多柔比星脂质体	10ml：20mg 5ml：10mg	石药集团欧意药业	2011
立幸	PEG 化盐酸多柔比星脂质体	10ml：20mg 25ml：50mg	常州金远药业	2012

续表

商品名	有效成分及载体	规格	厂家	上市时间
/	丙泊酚中/长链脂肪乳	20ml：0.2g 50ml：0.5g 20ml：0.1g 10ml：0.1g 100ml：1g	广东嘉博制药	2013
/	丙泊酚中/长链脂肪乳	20ml：0.2g 50ml：0.5g 20ml：0.1g 10ml：0.1g 100ml：1g	四川国瑞药业	2014
艾越	白蛋白结合型紫杉醇	0.1g	恒瑞医药	2018
克艾力	白蛋白结合型紫杉醇	0.1g	石药集团欧意药业	2018
/	用前列地尔乳剂	5μg 10μg	辽宁中海康	2019
/	白蛋白结合型紫杉醇	0.1g	齐鲁制药（海南）	2019

我国已上市的主要高端制剂靶向药品种不多，只有少量的脂质体、微球、脂肪乳及白蛋白等产品，究其原因主要是：①研发难度大，成功率低；②成本高且生产规模小、不易产生规模效应；③对辅料和药包材依存度高，需要配合特殊的包装材料以保障药品的稳定性。

除已上市的特殊注射剂，我国还有多款靶向制剂尚处于临床研究阶段（表 32）。其中南京思科药业的长春新碱脂质体已进入Ⅲ期临床试验。

表 32　我国处于临床阶段的主要高端制剂靶向药

有效成分及载体形式	厂家	研究阶段
长春新碱脂质体	南京思科药业有限公司	Ⅲ期
盐酸米托蒽醌脂质体注射液	石药集团	Ⅱ期（完成）
注射用前列地尔脂质体	广州一品红制药有限公司	Ⅱ期（完成）
注射用紫杉醇聚合物胶束	无锡朗慈生物科技有限公司	Ⅱ期
白蛋白结合型紫杉醇	扬子江药业集团	BE（完成）

5. 高端制剂的发展建议

一是制剂研究领域要加强基础研究的成果转化。其关键在于协调和健全各类系统开发技术，给基础研究成果的转化提供下游对接条件。政府的研究经费也需要合理引导制剂的应用研究，支持成果转化相关项目。

二是医药产业界及管理部门都要提高对辅料的重视程度，拓展辅料品种品规，提升辅料生产技术，并对辅料的未来发展进行前瞻性战略布局。

三是药品监管部门需加快出台各类高端制剂一致性评价的指导原则。由于历史原因，许多高端制剂产品存在定义模糊的情况，如紫杉醇脂质体，既不是仿制药也不是严格按照新药临床试验申报获批的新药。这类产品如何做一致性评价还是不需做一致性评价，需相关专家尽快出台指导原则，使患者既能够放心使用，又能够节省企业不必要的花费。各细分领域的高端制剂在我国同样缺乏技术性的指导，许多高端制剂厂商对产品如何开展一致性评价“无从下手”，只有技术性指导原则先行落地，包括参比制剂的尽快确定才能够推动高端制剂仿制药一致性评价的持续开展。

四是国内药企要加强高端制剂领域的国际合作，学习引进国外技术。在高端制剂开发方面，我国落后于国际一线水平还很远，一个快速有效填补差距的方式就是与国外企业加强合作，通过共同引进产品，学习先进的技术，从而为自身高端制剂的开发积攒经验。

中国仿制药产业发展展望

2019年，对于中国仿制药市场来说，“向更高品质发展”的大幕已经拉开。一致性评价的持续开展加速了仿制药质量的全面提升，从口服固体制剂到注射剂、从普通制剂到高端制剂，更多仿制药站上了与原研药平等比拼的竞技台。同时，国家组织药品集中采购的落地实施宣告了仿制药高毛利时代的远去，从此，“以价换量”成为仿制药新的市场主流，带动产业朝向规模化发展。我国药品供应保障体系建设也跨上了新台阶，保障能力稳步提升。

这一年，也标志着中国仿制药将驶入产业链升级的快车道。在“MAH 制度全面推开”和“CRO 服务持续渗透”的双轮驱动下，整个仿制药行业降本增效、分工细化已成为大势所趋，而新版《药品管理法》的正式施行更将进一步推动我国药品质量的提升、用药安全的提高和合法权益的保障。与此同时，取消药品双证（GMP 和 GSP）认证筑高了行业的最低门槛，预示着我国仿制药行业从生产到销售的各个环节，管理质量都将达到新的高度。

展望未来，中国仿制药产业将继续朝着“高质量”和“规模化”方向发展，行业集中度提高将成为不可逆转的趋势，龙头企业将立足各自优势品种，走向纵深开发之路。随着 21 世纪 20 年代的到来，仿制药产业的发展必将更好地保障广大用药人群的切身利益、造福百姓，为“健康中国”的实现添砖加瓦，推动新时代中国特色社会主义建设迈向新征程。

附　录

我国企业在 FDA 获批 ANDA 的产品（2017—2019）

药品通用名	剂型	企业名称	批准日期
芬戈莫德	胶囊剂	广东东阳光药业有限公司	2019/12/04
普瑞巴林	胶囊剂	石药集团欧意药业有限公司	2019/12/26
多非利特	胶囊剂	华海在美分部	2019/12/17
苯丙胺 + 硫酸苯丙胺 + 右苯丙胺 + 硫酸右苯丙胺	缓释胶囊	尚进医药（景峰医药控股子公司）	2019/12/11
索利那新	片剂	石药集团欧意药业有限公司	2019/12/11
恩替卡韦	片剂	重庆药友制药有限责任公司	2019/11/04

续表

药品通用名	剂型	企业名称	批准日期
瑞舒伐他汀	片剂	浙江永太药业有限公司	2019/11/04
依诺肝素	注射剂	南京健友生化制药股份有限公司	2019/11/29
克拉屈滨	注射剂	浙江海正药业股份有限公司	2019/11/25
多西环素	片剂	常州制药厂有限公司	2019/10/09
多西环素	胶囊剂	常州制药厂有限公司	2019/10/07
奥昔布宁	片剂	南通联亚药业有限公司	2019/10/30
比伐芦定	注射剂	海南双成药业股份有限公司	2019/10/23
坦洛新	未知	上海安必生制药技术有限公司	2019/10/17
利多卡因	乳膏剂	尚进医药（景峰医药控股子公司）	2019/10/17
坦洛新	胶囊剂	上海安必生制药技术有限公司	2019/10/17
安非他酮	缓释片	浙江巨泰药业有限公司	2019/09/05
福沙吡坦二甲葡胺	冻干粉针剂	尚进医药（景峰医药控股子公司）	2019/09/05

续表

药品通用名	剂型	企业名称	批准日期
氯化钾	缓释片	宜昌人福药业有限责任公司	2019/09/30
普瑞巴林	胶囊剂	海南双成药业股份有限公司	2019/09/30
阿比特龙	片剂	齐鲁制药有限公司	2019/09/27
阿哌沙班	片剂	广东东阳光药业有限公司	2019/09/10
塞来昔布	胶囊剂	青岛百洋制药有限公司	2019/08/07
长春瑞滨	注射剂	南通联亚药业有限公司	2019/08/05
萘普生	片剂	宜昌人福药业有限责任公司	2019/08/30
达托霉素	冻干粉针剂	江苏恒瑞医药股份有限公司	2019/08/22
泊沙康唑	肠溶片	宣泰医药	2019/08/21
度洛西汀	肠溶微球胶囊	重庆药友制药有限责任公司	2019/08/16
炔雌醇＋诺孕酯	片剂	南通联亚药业有限公司	2019/08/15
放线菌素 D	注射剂	浙江海正药业股份有限公司	2019/07/16

续表

药品通用名	剂型	企业名称	批准日期
去氨加压素	片剂	南通联亚药业有限公司	2019/06/06
甲泼尼龙	片剂	尚进医药（景峰医药控股子公司）	2019/06/27
地尔硫䓬	缓释胶囊	南通联亚药业有限公司	2019/06/14
万古霉素	注射剂	海南普利制药股份有限公司	2019/06/12
氯化钾	缓释胶囊	华海在美分部	2019/06/11
烟酸	缓释片	宜昌人福药业有限责任公司	2019/06/10
瑞舒伐他汀	未知	山东新时代药业有限公司	2019/05/07
瑞舒伐他汀	片剂	鲁南制药集团山东新时代药业有限公司	2019/05/07
肝素钠	注射剂	南京健友生化制药股份有限公司	2019/05/28
索利那新	片剂	江西博雅欣和制药有限公司	2019/05/20
索利那新	片剂	齐鲁制药有限公司	2019/05/20
利伐沙班	片剂	华海在美分部	2019/05/16

续表

药品通用名	剂型	企业名称	批准日期
多柔比星	注射剂	浙江海正药业股份有限公司	2019/05/13
氯沙坦	片剂	浙江海正药业股份有限公司	2019/04/04
氯化钾	缓释片	华海在美分部	2019/04/30
雌二醇 + 炔诺酮	片剂	南通联亚药业有限公司	2019/04/03
非洛地平	缓释片	永信药品工业（昆山）股份有限公司	2019/04/29
双环胺	注射剂	尚进医药（景峰医药控股子公司）	2019/04/26
苯磺顺阿曲库铵	注射剂	南京健友生化制药股份有限公司	2019/04/25
柔红霉素	注射剂	浙江海正药业股份有限公司	2019/04/25
非诺贝特	胶囊剂	南通联亚药业有限公司	2019/04/19
阿奇霉素	片剂	石药集团欧意药业有限公司	2019/04/17
度洛西汀	肠溶微球胶囊	青岛百洋制药有限公司	2019/04/17

续表

药品通用名	剂型	企业名称	批准日期
丁螺环酮	片剂	EPIC pharm（人福医药集团全资子公司）	2019/04/16
柔红霉素	注射剂	浙江海正药业股份有限公司	2019/04/12
泮托拉唑	未知	杭州中美华东制药有限公司	2019/04/01
可乐定	缓释片	南通联亚药业有限公司	2019/03/05
他达拉非	片剂	广东东阳光药业有限公司	2019/03/26
他达拉非	片剂	齐鲁制药有限公司	2019/03/26
替扎尼定	胶囊剂	南通联亚药业有限公司	2019/03/12
硝苯地平	缓释片	南通联亚药业有限公司	2019/03/12
左氧氟沙星	片剂	广东东阳光药业有限公司	2019/02/05
阿格列汀	未知	广东东阳光药业有限公司	2019/02/28
奥美沙坦	片剂	广东东阳光药业有限公司	2019/02/22
替米沙坦	片剂	浙江海正药业股份有限公司	2019/02/19
利塞膦酸	片剂	杭州民生滨江制药有限公司	2019/02/15

续表

药品通用名	剂型	企业名称	批准日期
炔雌醇＋炔诺醇	片剂	南通联亚药业有限公司	2019/02/11
甲泼尼龙	片剂	南通联亚药业有限公司	2019/01/09
普罗帕酮	缓释胶囊	宣泰医药	2019/01/4
依替巴肽	注射剂	海南普利制药股份有限公司	2019/01/25
替格瑞洛	片剂	浙江海正药业股份有限公司	2019/01/23
卡非佐米	冻干粉针剂	齐鲁制药有限公司	2019/01/18
普拉格雷	片剂	广东东阳光药业有限公司	2019/01/16
奥美沙坦	片剂	齐鲁制药有限公司	2019/01/10
维生素 D_2	胶囊剂	PURACAP PHARM LLC（人福普克药业有限公司）	2018/12/07
阿奇霉素	片剂	广东东阳光药业有限公司	2018/12/06
伏立康唑	注射剂	海南普利制药股份有限公司	2018/11/30
氨基己酸	片剂	祥翊制药股份有限公司	2018/11/27
氯化钾	粉剂	EPIC pharm（人福医药集团股份公司）	2018/11/23

续表

药品通用名	剂型	企业名称	批准日期
普伐他汀	片剂	浙江海正药业股份有限公司	2018/11/23
奥氮平	片剂	广东东阳光药业有限公司	2018/11/19
来曲唑	片剂	北京以岭药业有限公司	2018/11/14
阿那曲唑	片剂	北京以岭药业有限公司	2018/11/09
苯佐那酯	胶囊剂	AiPing Pharm（安士集团有限公司）	2018/11/09
硼替佐米	冻干粉针剂	齐鲁制药有限公司	2018/11/09
更昔洛韦	冻干粉针剂	海南普利制药股份有限公司	2018/11/08
替格瑞洛	片剂	PRINSTON PHARMA INC（浙江华海药业股份有限公司）	2018/11/06
他达拉非	片剂	齐鲁制药有限公司	2018/11/05
二甲双胍	缓释片	南通联亚药业有限公司	2018/11/02
格隆溴铵	注射剂	PRINSTON PHARMA INC（浙江华海药业股份有限公司）	2018/10/31

续表

药品通用名	剂型	企业名称	批准日期
非洛地平	缓释片	以岭万洲国际制药有限公司	2018/10/26
卷曲霉素	注射剂	浙江海正药业股份有限公司	2018/10/18
头孢曲松	注射剂	齐鲁制药有限公司	2018/10/17
头孢唑林	注射剂	齐鲁制药有限公司	2018/10/17
度洛西汀	缓释胶囊	石药集团欧意药业有限公司	2018/10/16
二甲双胍	片剂	广东东阳光药业有限公司	2018/10/12
替格瑞洛	片剂	浙江海正药业股份有限公司	2018/10/12
恩他卡朋	片剂	广东东阳光药业有限公司	2018/10/03
普拉克索	片剂	石药集团欧意药业有限公司	2018/10/03
去甲文拉法辛	缓释片	宜昌人福药业有限责任公司	2018/10/01
喹硫平	缓释片	ALIGNSCIENCE PHARMA（浙江海正宣泰医药有限公司）	2018/09/28

续表

药品通用名	剂型	企业名称	批准日期
莫西沙星	片剂	广东东阳光药业有限公司	2018/09/28
托法替尼	片剂	PRINSTON PHARMA INC（浙江华海药业股份有限公司）	2018/09/25
阿奇霉素	片剂	石药集团欧意药业有限公司	2018/09/24
奥氮平	片剂	江苏豪森药业集团有限公司	2018/09/24
二甲双胍	缓释片	宜昌人福药业有限责任公司	2018/09/24
帕洛诺司琼	注射剂	齐鲁制药有限公司	2018/09/19
布洛芬	片剂	HEC PHARM（广东东阳光药业有限公司）	2018/09/10
二甲双胍	缓释片	PRINSTON PHARMA INC（浙江华海药业股份有限公司）	2018/09/10
非诺贝特	片剂	PRINSTON PHARMA INC（浙江华海药业股份有限公司）	2018/08/28

续表

药品通用名	剂型	企业名称	批准日期
布洛芬	片剂	AiPing Pharm（安士集团美国公司）	2018/08/21
哌拉西林＋他唑巴坦	注射剂	齐鲁天和惠世制药有限公司	2018/08/10
多奈哌齐	口崩片	浙江海正药业股份有限公司	2018/07/27
罗氟司特	片剂	PRINSTON PHARMA INC（浙江华海药业股份有限公司）	2018/07/27
托伐普坦	片剂	江苏恒瑞医药股份有限公司	2018/07/27
炔雌醇＋炔诺醇	片剂	南通联亚药业有限公司	2018/07/25
替格瑞洛	片剂	广东东阳光药业有限公司美国公司	2018/07/20
阿糖胞苷	注射剂	HONG KONG（南京健友生化制药股份有限公司）	2018/07/17
克拉霉素	缓释片	广东东阳光药业有限公司	2018/07/09
奥氮平	口崩片	广东东阳光药业有限公司	2018/07/03

续表

药品通用名	剂型	企业名称	批准日期
环丙沙星	片剂	以岭万洲国际制药有限公司	2018/06/22
氯化钾	缓释片	宜昌人福药业有限责任公司	2018/06/22
氨己烯酸	粉剂	上海奥科达医药技术有限公司	2018/06/21
安非他酮	缓释片	宜昌人福药业有限责任公司	2018/06/14
帕罗西汀	缓释片	SCIECURE PHARMA INC（北京世桥生物制药有限公司）	2018/06/12
非布司他	片剂	PRINSTON PHARMA INC（浙江华海药业股份有限公司）	2018/05/31
比伐芦定	注射剂	海南双成药业股份有限公司	2018/05/31
利格列汀	片剂	HEC PHARM USA INC（广东东阳光药业有限公司）	2018/05/25
索利那新	片剂	江西博雅欣和制药有限公司	2018/05/25

续表

药品通用名	剂型	企业名称	批准日期
呋喃妥因	胶囊剂	祥翊制药股份有限公司	2018/05/24
艾司奥美拉唑	缓释胶囊	广东东阳光药业有限公司	2018/05/18
利格列汀 + 二甲双胍	片剂	HEC PHARM USA INC（广东东阳光药业有限公司）	2018/05/17
磺达肝癸钠	注射剂	江苏恒瑞医药股份有限公司	2018/05/15
甲泼尼龙	片剂	天津天药药业股份有限公司	2018/05/14
贝沙罗汀	胶囊剂	AMERIGEN PHARMS LTD（苏州爱美津制药有限公司）	2018/05/08
氯吡格雷	片剂	PRINSTON PHARMA INC（浙江华海药业股份有限公司）	2018/05/07
美金刚	片剂	石药集团欧意药业有限公司	2018/05/07
氨氯地平	片剂	广东东阳光药业有限公司	2018/05/04
噻替哌	注射剂	江苏恒瑞医药股份有限公司	2018/05/04

续表

药品通用名	剂型	企业名称	批准日期
非诺贝特	胶囊剂	AMERIGEN PHARMS LTD（苏州爱美津制药有限公司）	2018/04/30
制霉菌素	粉剂	EPIC pharm（人福医药集团股份公司）	2018/04/30
瑞舒伐他汀	片剂	鲁南制药集团山东新时代药业有限公司	2018/04/25
利格列汀	片剂	PRINSTON PHARMA INC（浙江华海药业股份有限公司）	2018/04/20
博来霉素	注射剂	HONG KONG（南京健友生化制药股份有限公司）	2018/04/20
吡格列酮	片剂	PRINSTON PHARMA INC（浙江华海药业股份有限公司）	2018/04/17
麦格司他	胶囊剂	AMERIGEN PHARMS LTD（苏州爱美津制药有限公司）	2018/04/17
坎地沙坦＋氢氯噻嗪	片剂	PRINSTON PHARMA INC（浙江华海药业股份有限公司）	2018/04/11

续表

药品通用名	剂型	企业名称	批准日期
齐多夫定 + 拉米夫定	片剂	上海迪赛诺药业股份有限公司	2018/04/10
阿奇霉素	混悬剂	EPIC pharm（人福医药集团股份公司）	2018/04/09
对乙酰氨基酚 + 氢可酮	片剂	EPIC pharm（人福医药集团股份公司）	2018/03/30
左乙拉西坦	注射剂	海南普利制药股份有限公司	2018/03/20
二甲双胍	缓释片	ALIGNSCIENCE PHARMA（浙江海正宣泰医药有限公司）	2018/03/19
环磷酰胺	胶囊剂	AMERIGEN PHARMS LTD（苏州爱美津制药有限公司）	2018/03/19
萘普生	胶囊剂	PURACAP PHARM LLC（人福普克药业有限公司）	2018/03/15
阿昔洛韦	片剂	以岭万洲国际制药有限公司	2018/03/07
替诺福韦	片剂	齐鲁制药有限公司	2018/03/02

续表

药品通用名	剂型	企业名称	批准日期
美托洛尔	缓释片	NOVAST LABS LTD（南通联亚药业有限公司）	2018/02/06
地氟烷	吸入剂	上海恒瑞医药有限公司	2018/02/06
塞来昔布	胶囊剂	石药集团欧意药业有限公司	2018/01/23
普瑞巴林	胶囊剂	PRINSTON PHARMA INC（浙江华海药业股份有限公司）	2017/12/07
阿立哌唑	片剂	PRINSTON PHARMA INC（浙江华海药业股份有限公司）	2017/12/04
喹硫平	缓释片	南通联亚药业有限公司	2017/11/29
度他雄胺	胶囊剂	人福普克药业（武汉）有限公司	2017/11/21
可乐定	缓释片	力品药业（厦门）有限公司	2017/11/20
吗替麦考酚酯	片剂	浙江海正药业股份有限公司	2017/11/16
吗替麦考酚酯	胶囊剂	浙江海正药业股份有限公司	2017/11/13

续表

药品通用名	剂型	企业名称	批准日期
辛伐他汀	片剂	浙江海正药业股份有限公司	2017/11/13
氯沙坦+氢氯噻嗪	片剂	PRINSTON PHARMA INC（浙江华海药业股份有限公司）	2017/11/06
替米沙坦+氢氯噻嗪	片剂	PRINSTON PHARMA INC（浙江华海药业股份有限公司）	2017/11/06
芬戈莫德	胶囊剂	PRINSTON PHARMA INC（浙江华海药业股份有限公司）	2017/10/26
加巴喷丁	胶囊剂	江苏恒瑞医药股份有限公司	2017/10/26
加巴喷丁	片剂	石药集团欧意药业有限公司	2017/10/26
他达拉非	片剂	杨凌步长制药有限公司	2017/10/16
恩替卡韦	片剂	PRINSTON PHARMA INC（浙江华海药业股份有限公司）	2017/10/10

续表

药品通用名	剂型	企业名称	批准日期
吡格列酮	片剂	美国普克药业公司（人福普克药业有限公司）	2017/10/06
布地奈德	胶囊剂	Sciecure Pharma（北京世桥生物制药有限公司）	2017/09/28
右美托咪定	注射剂	江苏恒瑞医药股份有限公司	2017/09/19
缬沙坦＋氢氯噻嗪	片剂	华仁药业股份有限公司	2017/09/06
二甲双胍	缓释片	浙江海正宣泰医药有限公司	2017/09/05
安非他酮	缓释片	上海宣泰医药科技有限公司	2017/08/21
帕罗西汀	胶囊剂	PRINSTON PHARMA INC（浙江华海药业股份有限公司）	2017/08/18
磺胺米隆	未知	南通联亚药业有限公司	2017/07/31
头孢羟氨苄	胶囊剂	石药集团欧意药业有限公司	2017/07/28
安非他酮	缓释片	上海安必生制药技术有限公司	2017/06/30

续表

药品通用名	剂型	企业名称	批准日期
阿奇霉素	片剂	石药集团欧意药业有限公司	2017/06/19
阿奇霉素	干混悬剂	EPIC pharm（人福医药集团股份公司）	2017/05/26
培美曲塞	注射剂	齐鲁制药有限公司	2017/05/19
度洛西汀	缓释胶囊	PRINSTON PHARMA INC（浙江华海药业股份有限公司）	2017/05/18
喹硫平	缓释片	广州德芮可制药有限公司	2017/05/09
吲哚美辛	缓释胶囊	南通联亚药业有限公司	2017/05/08
替米沙坦	片剂	PRINSTON PHARMA INC（浙江华海药业股份有限公司）	2017/05/03
奥美沙坦酯+氢氯噻嗪	片剂	PRINSTON PHARMA INC（浙江华海药业股份有限公司）	2017/04/24
西地那非	片剂	瑞阳制药有限公司	2017/04/21
孟鲁司特	片剂	石药集团欧意药业有限公司	2017/04/18

续表

药品通用名	剂型	企业名称	批准日期
加巴喷丁	胶囊剂	EPIC pharm（人福医药集团股份公司）	2017/03/24
多奈哌齐	片剂	浙江海正药业股份有限公司	2017/03/24
多西他赛	注射剂	江苏恒瑞医药股份有限公司	2017/02/15
氯吡格雷	片剂	石药集团欧意药业有限公司	2017/02/02
苯磺顺阿曲库铵	注射剂	江苏恒瑞医药股份有限公司	2017/01/27

致　　谢

感谢中国农工民主党中央青年工作委员会和北京联馨药业有限公司对本书提供的支持和帮助；感谢中国医药工业信息中心咨询部盛杨佶女士和邹荣先生参与撰写；感谢中国医学科学院药物研究所夏杰先生、王冬梅女士和林苗女士参与资料收集与整理。